펑수야~ 학교가쟈!

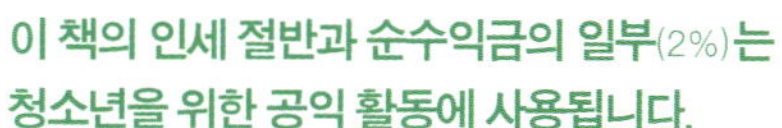

**이 책의 인세 절반과 순수익금의 일부(2%)는
청소년을 위한 공익 활동에 사용됩니다.**

〈펭수야~ 학교 가자!〉 도서 시리즈는
청소년의 경제·금융 역량 강화를 목표로 만들어졌으며,
책의 수익 일부는 청소년 관련 기관 및 단체에 기부됩니다.
작은 나눔이 미래의 큰 변화를 이끕니다.
이 책을 읽는 여러분도 그 뜻깊은 여정에 함께하고 계십니다. 감사합니다.

펭수&똘비와 함께 배우는 흥미진진 금융과 시장 이야기 
제2권 시장의 이해 편
펭수야~ 학교가재! 2
키움증권 채널K, 자이언트 펭TV 지음
| 원작 | 유튜브 <채널K> '펭수야 학교 가자' 시즌 2

삶의 무기가 되는
금융과 투자 지식

"주식, 채권, 배당금…. 어른들만의 이야기 아닌가요?"

많은 10대 독자가 이렇게 생각할 거예요. 하지만 잠깐, 우리의 일상을 차근차근 돌아볼까요?

여러분이 사용하는 스마트폰부터 볼게요. 대부분 갤럭시나 아이폰 중 하나를 쓰고 있을 텐데요. 갤럭시를 만드는 삼성전자는 우리나라 코스피 한국종합주가 지수의 대표 기업이고, 아이폰을 만드는 애플은 미국 나스닥 기술 기업 중심의 미국 주식 시장의 시가총액 1위 기업이었어요 2024년 10월 기준. 여러분이 매일 만지고 있는 스마트폰 자체가 이미 주식 시장과 연결되어 있는 거죠.

스마트폰을 켜면 어떤 앱들이 보이나요? 유튜브·인스타그램·카카오톡·네이버…. 이들 서비스를 운영하는 회사들은 각각 구글알파벳·메타·카카오·네이버로, 모두 주식 시장에 상장된 기업들입니다. '좋아요'를 누르거나 구독하거나 메시지를 보낼 때마다, 사실은 이 기업들의 서비스를 이용하고 있는 거예요.

편의점에서 삼각김밥을 사 먹었나요? CU를 운영하는 BGF리테일, GS25를 운영하는 GS리테일, 세븐일레븐을 가지고 있는 롯데그룹, 모두 주식 시장에서 거래되는 회사들이에요. 과자와 음료수를 만드는 기업들은 물론이고, 심지어 삼각김밥을 제조하는 식품 회사부터 포장재 회사까지, 수많은 기업들이 여러분의 소비와 연결되어 있어요.

친구들과 가는 식당들도 마찬가지입니다. 맥도날드는 전 세계 100여 개국에 매장을 둔 다국적 기업이죠. 마라탕 체인인 하이디라오 또한 중국에서 시작해 홍콩증권거래소와 나스닥에서 거래되는 상장 기업이에요.

게임을 즐겨 한다고요? 〈마인크래프트〉나 〈로블록스〉가 흥행하면 개발사인 마이크로소프트나 로블록스 코퍼레이션의 가치가 올라가요. 〈배틀그라운드〉를 만든 크래프톤 또한 코스피에서 주식을 사고팔 수 있죠.

일상 속에 숨어 있는 경제 연결 고리

이처럼 우리는 하루 종일 기업들과 함께 살고 있어요. 아침부터 저녁까지 사용하는 모든 서비스와 제품들은 기업들이 만든 것이고, 그 기업

중 상당수는 주식 시장에서 거래됩니다.

그런데 정말 흥미로운 건, 여러분의 일상적인 선택들이 이런 기업들의 실적에 영향을 미친다는 거예요. 아이폰 대신 갤럭시를 선택하면 삼성전자의 매출이 늘어나고, 유튜브에서 광고를 시청하면 구글의 광고 수익이 증가해요. 넷플릭스 대신 디즈니 플러스를 구독하면 디즈니의 스트리밍 사업 실적이 좋아지는 거죠.

게다가 여러분의 취향과 트렌드가 글로벌 기업들의 전략을 바꾸기도 해요. Z세대가 틱톡을 선호하자 메타 플랫폼스는 인스타그램에 릴스 기능을 만들었고, 젊은 층이 친환경 제품을 선호하자 나이키는 재활용 소재로 운동화를 만들기 시작했어요.

챗GPT를 사용해 본 분들도 많을 텐데요, 처음 챗GPT가 등장했을 때를 기억하나요? 갑자기 모든 사람들이 AI에 대해 이야기하기 시작했죠. 그때 엔비디아라는 회사의 주가가 1년 만에 거의 10배 가까이 올랐어요.

엔비디아는 원래 게임용 그래픽카드를 만드는 회사였는데, 그들의 GPU그래픽 처리 장치가 AI를 학습시키는 데 최적화되어 있다는 것이 밝혀진 거예요. 챗GPT 같은 AI 서비스가 폭발적으로 성장하면서 GPU 수요가 급증했고, 그 결과 엔비디아의 실적과 주가가 하늘 높은 줄 모르고 치솟은 거죠.

앞으로도 새로운 기술과 트렌드가 계속 등장할 거예요. 그럴 때, 여러분이 이런 연결 고리를 미리 알고 있다면 어떻게 될까요?

"이 기술이 뜨면 저 회사가 유리해질 거야.", "이런 트렌드가 생기면 관련 기업들이 좋아질 거야."라고 예측할 수 있을 거예요.

전공을 선택하는 고민의 수준도 달라질 테죠. "수학을 좋아해서 수학과"가 아니라 "데이터 사이언스가 성장하니 수학 + 컴퓨터 공학을 복수 전공해 볼까?"라고 생각할 수 있어요.

무엇보다 변화하는 세상에서 "이것이 내게 기회일까, 위협일까?"를 빠르게 판단하고 준비할 수 있게 될 거예요.

펭수 & 똘비와 함께 경제 중학교 과정으로 GO!

《펭수야~ 학교 가자!》 제2권을 펼치신 걸 환영합니다. 제1권에서 돈의 기본 원리와 저축, 소비, 투자의 첫걸음을 배웠다면, 이제는 한 걸음 더 나아가 시장에서 어떻게 거래가 이루어지고 기업이 평가되는지를 배우게 됩니다.

키움 초등학교가 금융과 투자의 첫걸음을 떼기 위한 '초급' 과정이었다면, 이번 편에서 펭수와 똘비가 진학하는 가상의 학교인 키움 중학교는 '중급' 과정이라고 할 수 있어요.

입학 첫날부터 쏟아지는 스피드 퀴즈, 투자금 반토막 사건, 빵집 현장 학습, 그리고 주주총회와 뉴스 앵커 체험까지! 웃음 가득한 좌충우돌 에피소드들이 여러분을 기다립니다. 하지만 그 속에는 시장을 이해하는 데 꼭 필요한 핵심 개념들이 담겨 있답니다.

이 책을 읽고 나면, 다음과 같은 변화를 경험하게 될 거예요.

첫째, 주식 시장과 관련된 주요 개념들을 이해하게 됩니다. 주식 시장에는 어떤 종류가 있는지, 주가는 어떻게 결정되는지 알게 될 거예요. 더 이상 뉴스에서 나오는 상한가·하한가·시장가 같은 용어들이 어렵지 않게 느껴질 겁니다.

둘째, 기업을 평가하는 눈이 길러집니다. 재무제표 속 매출, 비용, 이익, 부채를 읽으며 어떤 기업이 건강한 기업인지 스스로 판단할 수 있게 될 거예요.

셋째, 정보의 중요성을 깨닫고 이를 분석하는 능력이 키워집니다. 기업 공시와 뉴스가 왜 중요한지, 그것이 투자에 어떤 영향을 주는지 이해하게 될 거예요. 그리고 막연하게 "이 회사 주식이 오를 거야."가 아니라, "이런 근거 때문에 이 회사가 성장할 가능성이 높아."라고 논리적으로 생각할 수 있게 되겠죠.

넷째, 투자 원칙을 고민하며 나만의 투자 기준을 세울 수 있습니다. 기업의 성장 과정을 알고, 가치 투자 같은 워런 버핏의 투자법을 접하며 "나는 어떤 기준으로 투자할 것인가?"라는 질문을 스스로 던지다 보면 경제 주체로서 일생 동안 유용하게 사용할 기준점을 마련할 수 있어요.

그리고 나아가, 세상이 어떻게 돌아가며 우리 사회의 변화가 경제와 어떻게 연결되는지 파악하게 될 테죠. 예를 들어, 부모님이 "요즘 물가가 너무 올랐어."라고 한숨 쉬시는 이유를 알 수 있어요. '요즘 뉴스를 보니 이러저러한 요인들이 복합적으로 작용하면서 글로벌 공급망에 변화가 생기고, 에너지 가격 변동과 기후 변화로 인한 농작물 생산량 변화 등이 모든 상품의 생산비와 운송비에 영향을 미치고 있군.' 여러분도 이런 식으로 경제 상황에 대해 다각적으로 해석할 수 있게 될 거예요.

또 코스피, 다우존스, 나스닥 등에 대한 뉴스를 보면서 우리나라와 세계 경제의 흐름을 읽고, 그 안에서 변화의 신호를 포착하게 될 수도 있어요. 이런 능력이 생기면 경제와 금융, 투자를 공부하는 일이 열 배, 아니, 백 배는 더 재미있어질 거예요.

경제학에서는 인간을 '호모 에코노미쿠스', 즉 경제적 인간이라고 부릅니다. 우리는 태어나서 죽을 때까지 경제 활동을 하며 살아가요. 여러분도 이미 경제 주체랍니다. 무엇인가를 사는 것은 소비 활동이고, 집안일이나 아르바이트를 해서 용돈을 버는 것 또한 생산 활동이니까요.

이처럼 여러분 모두가 경제 주체인 상황에서, 시장과 금융 그리고 투자에 대한 지식 없이 살아간다는 것은 스마트폰 없이 생활하는 것과 같아요. 불가능하진 않지만, 엄청나게 불편하고 많은 기회를 놓치게 되죠.

금융 투자 공부는 단지 부자가 되기 위한 것이 아닙니다. 경제를 읽을 줄 아는 힘은 여러분이 미래에 어떤 꿈을 꾸든 든든한 무기가 되어 줄 거예요. 대학에서 전공을 선택할 때도 그 분야의 미래 전망을 냉정하게 판단할 수 있고, 취업할 때도 그 회사의 성장 가능성과 안정성은 물론, 회사가 속한 산업의 미래 비전을 함께 고려할 수 있고요.

창업을 꿈꾼다면 시장 분석과 사업 계획 수립에 필요한 기본기를 갖출 수 있고, 투자를 한다면 남의 말만 듣고 따라하는 게 아니라 자신만의 기준으로 판단할 수 있게 되죠.

돈에 휘둘리지 않고, 세상을 더 넓게 보는 눈을 키워주는 힘!
그 힘은 바로 금융과 투자 지식에서 나옵니다.

펭수의 엉뚱한 발상과 똘비의 똑똑한 눈썰미, 그리고 선생님들의 따뜻한 지도 속에서 점점 단단해지는 성장의 여정. 그 속에서 여러분도 시장의 흐름을 이해하고, 합리적인 판단력을 기르게 될 거예요.

자, 펭수와 똘비와 함께 시장의 세계로 출발해 볼까요? 웃음과 배움이 가득한 키움 중학교에서 두 친구가 여러분을 기다리고 있습니다!

펭수와 똘비,
중학교 입학부터
퀴즈 폭격!

입학식
미공개 영상
보러가기

넓은 강당 무대 위, 교감 선생님이 마이크를 잡고 학생들을 맞이했다.

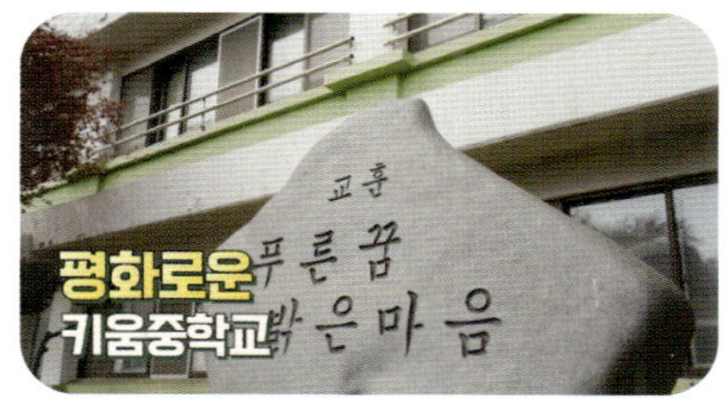

"만나서 정말 반갑습니다. 앞으로 배우게 될 과정을 통해 여러분이 경제적 자유를 넘어, 세계 경제를 이끄는 주역이 되기를 바랍니다."

선생님의 근엄한 목소리에 펭수와 똘비의 표정도 덩달아 진지해졌다.

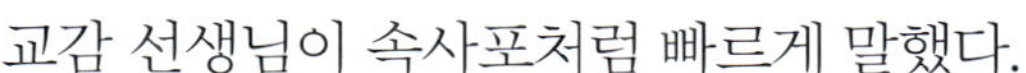

"오케이! 세계로 갑시다!"

펭수가 한 손을 번쩍 들며 외쳤다.

바로 그때! 갑자기 교감 선생님의 표정이 싹 바뀌더니 목소리가 한껏 올라가는 것이 아닌가.

교감 선생님이 속사포처럼 빠르게 말했다.

"자, 그러면 본격적으로 스피드 게임을 시작하겠습니다! 1분 동안 세 문제 이상 못 맞추면…, 입학이 취소됩니다!"

"뭐야!"

펭수와 똘비는 동시에 눈을 동그랗게 떴다.

"분위기가 돌변했잖아!"

"중학교는 입학시험이 있나요?!"

"첫 번째 도전자, 펭수!"

교감 선생님이 신호를 주자 스피드 게임이 시작됐다.

"선배님이 제일 못하는 거예요."

똘비의 힌트에 펭수가 어깨를 으쓱했다.

"난 못 하는 게 없는데?"

"주식할 때 제일 못하는 거예요, '비읍'으로 시작하는 거!" (정답 : 분산투자)

"뭐야 그게!"

"아, 패스! 패스요!"

두 번째 문제.

똘비가 심각한 얼굴로 말했다.

"선배님, 저 이거 바닥이에요. 어디 가서 돈 못 빌려요."

"어? 아, 신용! 신용이구나!"

교감 선생님이 "정답!"을 외치자, 똘비가 삐친 말투로 중얼거렸다.

"너무 바로 맞추는 거 아니에요…? 그렇게 신용이 낮아 보이나."

세 번째 문제.

"인플루언서나 인플루엔자랑 비슷한 말은?"

똘비의 힌트에 펭수가 손을 번쩍 들었다.

"인플레이션!"

"그렇죠! 그게 일어나면 뭐가 어떻게 되죠?"

펭수가 빠르게 답했다.

"물가 상승!"

어느덧 마지막 문제였다.

"선배님, 우리 얼마 벌기로 했죠?"

"33경!"

"자, 내 손가락을 보세요! 몇 개죠?"

똘비가 손을 펴 보였다.

"여섯 개? 아…, 6경!" 펭수는 키움 초등학교에 입학하면서 6경을 벌고 싶다고 말한 적이
있다. 이 에피소드는 제1권 혹은 옆의 QR 코드를 참고할 것!

"정답! 펭수 합격입니다!"

합격 선언에 펭수는 가슴을 쓸어내렸다.

"이거 짜릿한데?!"

똘비도 감탄했다.

"선배님, 생각보다 잘 맞추시네요."

펭수와 똘비, 입학 퀴즈를 통과하다

"이번엔 똘비가 도전할 차례입니다!"

교감 선생님이 손짓하자 펭수가 힌트를 던졌다.

"레모네이드 만들어 파는 걸 뭐라 그랬지?"

"장사!!"

"아니, 그게 아니라 더 멋진 말 있잖아."

"아…, 가치 창출!"

두 번째 문제.

펭수가 손가락을 흔들며 외쳤다.

"플레이스테이션 말고!"

"닌텐도?"

"아니, 뭐가 오면 물가가 오르잖아. 물가 상승이 왜 일어나?"

"인플레이션!"

똘비가 힘차게 대답했다.

세 번째 문제.

펭수가 잔뜩 허세를 부리듯, 자랑하는 몸짓을 흉내 내며 말했다.

"나 이거 사고, 저것도 샀어! 이것 좀 봐라!"

똘비는 잠시 고개를 갸우뚱하며 생각하더니,

깨달은 듯 외쳤다.

"과시 소비!"

"정답! 세 문제 모두 맞혔습니다. 똘비도 합격! 키움 중학교에 입학을 허가하겠습니다. 축하합니다!"

교감 선생님의 외침에, 펭수와 똘비는 양팔을 높이 치켜들며 기쁨을 만끽했다.

PENGSOO

펭수

남극에서 온 열 살. 생일은 8월 8일.

키 210cm, 몸무게 103kg의 진짜 거대한 펭귄.

특기는 요들송, 랩 조금, 비트박스 조금, 판소리, 드럼 연주,

미국춤, 나청송, 유기농춤 등등. 펭귄어, 물범어, 한국어가

가능한 다국어(?) 능력 펭귄! 남극 유치원을 졸업하고,

한국으로 와서 지금은 EBS 연습생으로 활동 중.

꿈은 BTS 같은 스타가 되는 것! **인스타그램** @giantpengsoo

똘비

1999년 9월 19일생, 국적은 대한민국.

탑골공원 출신의 현실에 찌든 비둘기.

내향적이고 실용적인 성격이다. 쓰레기 뒤지기 관련 경력이

있으며, 지금은 비둘기라는 이유로 취업난을 겪고 있다.

꿈은 인간이 되는 것. **인스타그램** @crazy.ddolbi

DDOLBI

이 책의 활용법

순서대로 읽어도 좋고, 관심 있는 주제부터 골라 활용해도 괜찮습니다.
중요한 건, 읽고 생각하고 실천하는 '나만의 경제 습관'을 만드는 것!
펭수와 함께 배우고, 똘비처럼 상상하고, 나만의 방식으로 경제 공부를 시작해 보세요.

컷툰 & 에피소드

펭수와 똘비의 좌충우돌 상황극과 함께
이번 장에서 다룰 주제를 재미있게
소개하는 컷툰과 에피소드는
유튜브 '쿰' 〈펭수야~ 학교 가자!〉
영상과 함께 보면 재미 만점!

경제 수업 : 스토리텔링으로 더욱 쉬운 경제 학습

조곤조곤~ 선생님이 들려주는
더 깊이 있고,
이해하기 쉬우며,
흥미로운 경제와 금융 이야기들

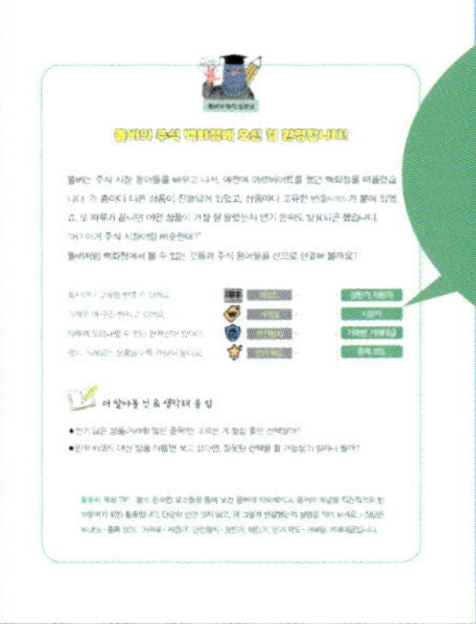

똘비의 생각 실험실

사고 실험으로
경제적 사고력과
판단력을 UP

펭수의 부자 되기 노트

배운 내용을 생활 속에서
실천해 보는 워크시트

목차

드디어 만나는 금융 자산의 세계

나의 미래를 바꿔줄 금융 자산의 세계로! 26

아는 것이 힘이다! 금융 용어 빙고 게임 52

두 번째 수업 — 좋은 기업을 찾는 눈을 기르는 법

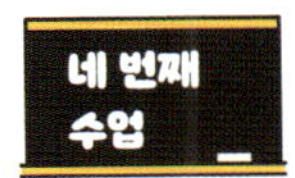 투자자의
세 가지 무기를 장착하자!

드디어 만나는 금융 자산의 세계

첫 번째 수업

나의 미래를 바꿔줄
금융 자산의 세계로!

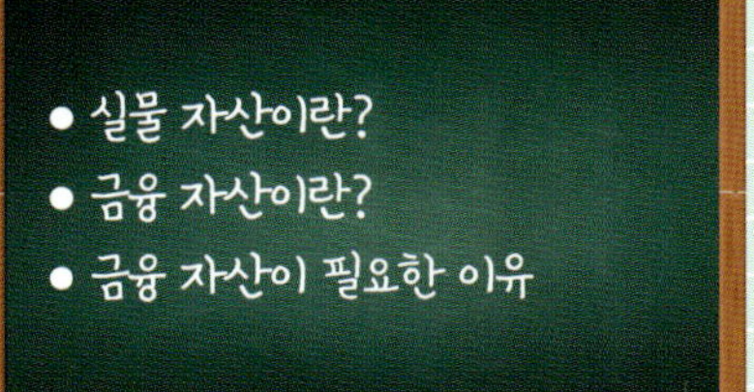

▷ 이번 시간
유튜브 영상 보기

펭수야~ 학교 가자! 2

"오늘은 어떤 분이 오실까?"

똘비가 교실 문을 힐끔거리며 말했다.

펭수는 기대 가득한 표정이었다.

"지난번 쌤들이 오셨으면 좋겠다. 난 명석 쌤이 제일 보고 싶어. 명석 쌤 말고, 다른 선생님 성함은 뭐였더라?"

똘비는 순간 움찔하며 속으로 생각했다.

'설마…, 그새 잊어 버린 거야?'

바로 그때, 교실 문이 열리더니 처음 보는 선생님이 손을 흔들며 들어왔다.

"안녕!"

펭수와 똘비는 동시에 얼어붙었다. 선생님이 가면무도회에서나 볼 법한 화려한 마스크로 얼굴을 가린 채 나타났기 때문이다.

"…누구세요?"

선생님은 능청스럽게 말했다.

"마스크 예쁘지 않아?"

똘비가 고개를 갸웃했다.

"예쁘긴 한데요. 왜 쓰고 오셨어요?"

펭수가 단호하게 외쳤다.

"저는 진짜 얼굴이 궁금합니다! 가면을 벗어 주세요!"

"짜란~."

쌤이 마스크를 벗자, 펭수는 눈을 가늘게 뜨며 중얼거렸다.

"어디서 본 것 같은데…."

"그러니까요, 낯이 익어요."

똘비도 고개를 끄덕였다.

"먼저 내 소개부터 할게. 오늘부터 너희들의 중학교 과정 경제 수업을

맡을 김주영 선생님이야."

쌤의 자기소개에, 두 친구는 그제야 떠오른 듯 손뼉을 치며 말했다.

"경제 방송에서 봤어요!"

"채널K 아나운서 맞죠?"

주영 쌤이 고개를 끄덕이며 말했다.

"맞아, 잘 부탁해! 그럼 인사하고 수업을 시작해 볼까? 이 반은 반장이

누구야?"

그러자 펭수가 쓰윽, 일어서며 말했다.

"접니다. 차렷, 경례!"

펭수가 꾸벅, 고개를 숙여 인사하는 데도

멀뚱히 앞만 보고 앉아 있는 뚤비를 향해 쌤이 물었다.

"뚤비는 뭐해?"

"저도 반장인데요? 선배님이 먼저 반장하고 나면, 저도 하려고요."

"엥? 펭수 반과 뚤비 반이 각 한 명씩이라 반을 합친 거였어?"

쌤의 엉뚱한 오해를 들은 두 친구가 멋쩍은 듯 웃음을 터뜨렸다.

곧이어, 주영 쌤이 칠판에 큼지막하게 '금융 자산 형성'이라고 적었다.

"이제부터 우리는 주식 시장을 배우고, 그 안에서 어떻게 자산을 형성하는지 배워볼 거야.

여기서 잠깐! '자산 형성'이 뭔지 아는 사람?"

주영 쌤의 눈길이 펭수에게 향했다.

"펭수, 한번 말해 볼래?"

펭수는 잠시 뜸을 들이다가 자신 있게 외쳤다.

"자산 형성이란…, 자산을 형성하는 것입니다!"

교실 안이 돌연 정적에 휩싸이더니, 뚤비가 벌떡 일어나 손뼉을 치며 외쳤다.

"브라보! 역시 선배님다운 명쾌한 정의!"

주영 쌤이 피식 웃으며 고개를 저었다.

"아, 쉽지 않네. 좀 더 풀어서 설명해 줄게.

자산은 개인이나 기업이 가진 경제적 가치가 있는 모든 재산을 말해. 집, 땅, 현금, 주식 같은 게 다 자산이지. 쉽게 말하면 지갑 속 용돈, 집, 저금통 속 동전까지 다 자산이야. 이런 걸 모으고 불려 나가는 과정을 '자산 형성'이라고 해."

펭수와 똘비는 서로 눈치를 보며 속삭였다.

"도대체 무슨 소리지…?"

똘비가 슬며시 손을 들고 말했다.

"혹시 저희 벌써 대학교 과정인 건가요?"

실물 자산 : 눈으로 보고 손으로 만질 수 있는 재산

   여러분, 학교 앞 떡볶이 가게 사장님이 매일 아침 가게 문을 여는 이유가 뭘까요? 당연히 돈을 벌기 위해서겠죠. 그런데 재미있는 사실이 하나 있어요. 사장님은 두 가지 방법으로 돈을 번답니다.

일단, 떡볶이를 팔아서 돈을 벌어요.

또 하나, 가게 자체가 비싸지면 돈을 벌 수 있죠. 만약 그 자리가 점점 번화가가 되어서 어떤 큰 회사가 "그 자리 우리에게 팔아주세요!"라고 한다면, 사장님은 가게를 비싼 값에 팔 수도 있을 거예요.

이렇게 우리 주변의 모든 재산은 크게 두 가지로 나뉩니다. 바로 실물 자산과 금융 자산이에요.

실물 자산이란 무엇일까?

실물 자산은 말 그대로 실제로 존재하는 물건이에요.

주변을 한번 둘러보세요! 지금 앉아 있는 의자와 책상, 집 앞에 세워 둔 자전거, 생일 선물로 받은 에어팟, 손에 들고 있는 스마트폰, 발에 신고 있는 운동화 등등 이 모든 것들이 실물 자산입니다. 눈으로 볼 수 있고, 손으로 만질 수 있고, 실제로 사용할 수 있는 물건들이죠.

실물 자산에는 대표적인 세 가지 특징이 있어요.

실물 자산의 첫 번째 특징 시간이 지나면 낡는다

정말 갖고 싶던 최신 스마트폰이나 유명한 브랜드의 옷, 운동화. 이들의 공통점은 무엇일까요? 포장을 뜯자마자 중고가 된다는 것입니다. 그뿐만 아니라, 시간이 흐를수록 가격이 낮아져요. 물건이 낡아서 값이 떨어지는 것, 즉 시장 가치가 하락하는 것입니다.

이렇게 시간이 지나면서 물건의 가치가 줄어드는 것을 회계적으로 '감가상각' 아래 내용 참고 이라고 합니다.

하지만 모든 실물 자산이 감가상각되는 건 아니에요. 오히려 시간이 지날수록 가치가 오르는 것들도 있습니다. 대표적인 게 부동산으로, 1970년대 땅값과 지금을 비교하면 수백 배에서 수천 배까지 올랐어요.

미술품이나 희귀한 수집품도 마찬가지입니다. 피카소의 그림이나 1세대 포켓몬 카드, 30년 된 레고 한정판, 유명 K팝 아이돌의 데뷔 초기 사인 앨범을 떠올려 보세요. 경제학에서는 이를 희소성의 원리로 설명합니다. 파는 사람공급은 제한되어 있는데 사고 싶은 사람수요이 계속 늘어

개념 키움 | 감가상각

회계란 기업의 돈 흐름을 기록하고 정리하는 일을 말한다. '감가상각'은 회계학에서 사용하는 전문 용어로, 기업이 사용하는 자산의 가치 감소분을 회계 장부에 기록하는 과정이다. 예를 들어, 기업이 공장 기계를 샀을 때, 그 기계의 수명을 예상하고 그 기간 동안 가치가 얼마나 줄어들지 미리 계산해서 매년 조금씩 '비용'으로 처리하는 것이다. 이렇게 하면 기업의 실제 재정 상태를 더 정확하게 파악할 수 있다.

즉, 물건이 낡아서 값이 내려가면 그러한 가치 하락을 장부에 기록하는 회계 처리 방식이 바로 감가상각이다. ●

나면, 가격이 오를 수밖에 없다는 거죠.

급하게 팔기 어렵다

실물 자산의 두 번째 특징은 '유동성이 낮다'는 것입니다. 유동성이란 자산을 현금으로 바꾸는 속도와 편리성을 말해요. 빨리 바꿀 수 있으면 유동성이 높고, 바꾸기 어렵고 시간이 걸리면 유동성이 낮다고 표현합니다.

급하게 큰돈이 필요해서 집을 팔려고 한다면 어떨까요? 집을 살 사람을 찾고, 계약하고, 법적으로 소유권을 옮기는 데 최소한 몇 주에서 몇 달이 걸려요. 게다가 급매물로 내놓으면 제값을 받기도 어렵죠.

반면 주식은 스마트폰으로 몇 초 만에 팔 수 있어요. 시장 가격 그대로 받을 수 있고요. 이런 차이가 바로 유동성의 차이입니다.

보이지 않는 비용들

실물 자산에는 보이지 않는 비용도 많아요. 예를 들어, 5억 원짜리 주택을 샀다고 해 볼게요. 집값 5억만 내면 끝일까요? 아니죠! 취득세·등록세 같은 세금을 내야 하고, 부동산에 중개 수수료도 지불해야 하고, 이사 비용도 들어요. 게다가 집을 가지고 있는 동안 재산세·관리비·수리비가 계속 나가죠. 자동차도 마찬가지예요. 보험료, 자동차세, 주유비,

정비비 등 끝이 없어요.

실물 자산은 시간이 흐를수록 가격이 낮아지는 경우가 많아요. (예외는 있음)

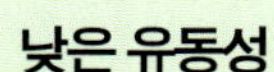

자산을 현금으로 바꾸는 데 시간이 걸리므로, 급하게 팔기가 어려워요.

실물 자산을 얻고 유지하기 위해서는 세금과 각종 부대 비용이 필요해요.

그림 1 실물 자산의 특징

그렇다면 대체 실물 자산의 매력은 무엇일까요? 바로 '사용 가치'와 '심리적 만족감'을 들 수 있습니다.

내 집에서 사는 안정감, 내 차를 운전하는 자유로움, 원하는 물건을 얻었을 때의 뿌듯함과 행복감, 자신감 같은 것들은 돈으로 환산하기 어려운 가치예요.

경제학에서는 이를 '효용'이라고 부르는데요, 같은 금액의 돈이라도 사람마다 느끼는 행복이 다름을 뜻합니다.

예를 들어, 패션을 좋아하는 사람에게는 30만 원짜리 신발이, 책을 좋아하는 사람에게는 30만 원어치 책이 효용 만점이겠지만, 패션이나 책에 관심이 없는 사람은 아무 효용도 느끼지 못하겠죠.

금융 자산 : 은행과 증권사 등 금융 기관에 있는 재산

❝ 용돈 10만 원을 은행에 예금하면, 통장에는 '100,000원'이라는 숫자만 표시될 뿐, 실제 종이돈이 금고에 들어있는 건 아니에요. 이는 "필요할 때 이 돈을 이자와 함께 돌려드리겠습니다."라는 은행의 약속을 나타내죠. 이처럼 우리는 미래에 현금으로 바꿀 수 있다는 믿음에 기반하여, 금융 기관에 재산을 맡깁니다.

이처럼 실물이 아닌 권리나 약속의 형태로 존재하는 재산, 그중에서도 은행 예금·주식·채권처럼 금융 기관이나 금융 시장을 통해 운용되면서 수익을 창출할 수 있는 자산을 금융 자산이라고 합니다.

금융 자산의 첫 번째 특징 **쪼갤 수 있다**

여기, 200억 원짜리 빌딩이 있습니다. 도무지 살 엄두를 낼 수 없는 엄청난 금액이죠. 그런데 만약 이 빌딩을 잘게 나눌 수 있다면 어떨까요?

리츠REITs라는 게 바로 그런 역할을 합니다. 리츠란, 쉽게 말해 '여러 명이 돈을 모아서 건물을 사는 금융 상품'입니다. 200억 원짜리 빌딩을 리츠 회사가 사고, 그 리츠 회사의 주식을 20만 원씩 10만 개로 나누면,

20만 원으로도 그 빌딩의 주인 중 하나가 될 수 있는 거죠.

우리나라에서 제일 큰 기업들도 마찬가지입니다. 회사 전체를 사려면 수백조 원이 필요하지만, 주식 1주만 사도 주주가 될 수 있어요.

금융 자산의 두 번째 특징 **복제할 수 있다**

여러분이 살고 있는 집실물 자산을 똑같이 복제할 수는 없습니다.

하지만 금융 자산은 다릅니다. 어떤 회사가 새로운 공장을 짓기 위해 돈이 필요한 경우, 이 회사는 두 가지 방법으로 돈을 구할 수 있습니다.

주식을 더 발행하기 "우리 회사의 주인이 되실 분, 주식 사세요!"

채권을 발행하기 "회사에 돈을 빌려주시면 이자를 드릴게요!!"

프린터로 종이를 찍어내듯 새로운 금융 자산을 만들 수 있는 거죠.

그런데 여기서 중요한 점! 금융 자산을 무한정 만들면 안 됩니다.

8조각으로 자른 케이크를 친구 8명이 나눠 먹으면 한 조각씩 먹을 수 있어요. 그런데 갑자기 친구가 16명으로 늘어나서 케이크를 16조각으로 나누면? 한 사람이 먹는 양이 절반으로 줄어들죠. 주식도 똑같습니다. 회사가 주식을 2배로 늘리면, 기존 주주들이 가진 주식의 가치는 떨어질 수 있어요. 그래서 회사는 꼭 필요할 때, 꼭 필요한 만큼만 새로운 주식이나 채권을 발행해야 합니다.

금융 자산의 세 번째 특징 언제든 현금으로 바꿀 수 있다

금융 자산의 가장 큰 매력 중 하나는 실물 자산과 달리 유동성이 매우 높다는 것입니다.

가지고 있는 주식을 팔고 싶다면 스마트폰을 꺼내서 증권사 앱을 열고, 팔고 싶은 주식과 수량을 선택하고 '매도' 버튼을 누르면 끝! 주식 시장이 열려있는 오전 9시부터 오후 3시 30분 사이라면 빨리 팔릴 가능성이 높고, 팔고 나면 보통 2~3일 후 통장에 현금이 들어옵니다. 급하게 판다고 해서 손해 보는 것도 아니에요. 그 시간의 시장 가격 그대로 받을 수 있죠.

국채나 회사채 같은 채권들도 채권 시장에서 활발하게 거래되고 있어서, 만기까지 기다리지 않고도 필요할 때 팔 수 있습니다.

이처럼 금융 자산의 유동성이 높은 이유는 무엇일까요?

일단, 금융 자산이 표준화되어 있기 때문입니다. A 회사의 주식 1주는 누가 가지고 있든지 똑같은 가치를 가져요. 마치 1만 원짜리 지폐가 새 돈이든 구겨진 돈이든, 1만 원의 가치를 갖는 것처럼요. 하지만 건물이나 집은 각각 위치도 다르고, 상태도 다르고, 크기도 달라서 하나하나 따로 평가하여 가격을 매겨야 하죠.

게다가 금융 자산은 '거래소'라는 곳에서 수많은 사람들이 동시에 사고팔고 있어요. 어떤 회사의 주식을 사려는 사람과 팔려는 사람이 매 순간 수천, 수만 명씩 있어서 언제든 거래할 수 있습니다.

금융 자산의 네 번째 특징 **사고팔 때 드는 비용이 적다**

앞서 말한 것처럼, 실물 자산은 하나하나가 다 달라서 거래할 때마다 복잡한 절차가 필요해요. 주택이나 건물을 사려면 때는 전문가가 상태를 보고, 서류를 확인하고, 계약서를 작성하고, 정부 기관에 등록하는 등의 과정이 있어야 합니다. 이런 일들을 하는 사람들에게 모두 돈을 줘야 하니 비용이 많이 드는 거죠.

반면 금융 자산은 모든 게 전산화되어 있습니다. 대부분의 일이 컴퓨터 시스템상에서 이뤄져요. 종이 서류도 필요 없고, 직접 만나서 계약할 필요도 없고, 공증받을 필요도 없습니다. 이처럼 모든 게 자동으로 처리되니까 비용이 거의 안 들어요.

또한 금융자산은 금액과 상관없이 수수료 비율이 비슷하거나, 심지어 투자 금액이 커질수록 수수료 비율이 낮아지는 경우가 많습니다. 구체적인 비교를 해 볼까요? 주식 거래는 증권사 수수료0.1~0.3%와 거래세 0.23~0.3%를 합쳐도 1% 미만이지만, 부동산 거래는 중개수수료· 취득세·

실물 자산과
금융 자산의 상관 관계

실물 자산과 금융 자산의 관계는 때로 보완적이고 때로는 대체적이다. 불황이 오면 금이나 국채 같은 안전 자산으로 자금이 이동하는 경향이 있는데, 이를 안전 자산 선호 현상Flight to Quality이라고 한다. 2020년 코로나19 초기에 주식 시장이 폭락하자 금값이 치솟은 것도 같은 이유다.

흥미로운 건, 최근 디지털 기술의 발전으로 전통적인 자산 분류가 흔들리고 있다는 것이다. NFT대체불가토큰는 디지털 콘텐츠의 소유권을 증명하는 새로운 형태의 자산이고, 비트코인 같은 가상 화폐는 물리적 실체 없이 가치를 저장하는 수단으로 사용된다. 이런 변화는 우리가 자산을 바라보는 관점 자체를 바꾸고 있다.

등록세 등을 합치면 5~8%나 들어요. 1억 원을 거래한다면 주식은 10~30만 원, 부동산은 500~800만 원의 비용이 발생하는 거죠.

금융 자산의 장점들을 살펴봤는데, 단점은 없을까요?

물론 다양한 문제들이 존재합니다. 그중에서도 대표적인 문제는 바로 '정보의 비대칭성'이에요. 쉽게 말해, 누군가는 중요한 정보를 알고 있고 누군가는 모르는 상황이 발생할 수 있는 거예요.

실물 자산과 금융 자산을 비교해 보면 이 차이가 확실히 드러납니다. 예를 들어 중고 자전거를 구매하는 경우, 녹이 슨 곳은 없는지, 제대로 작동하는지, 삐걱거리는 소리가 나지는 않는지 등을 직접 확인할 수 있죠.

반면에 자전거 회사의 주식을 사려고 한다면 어떨까요? 먼저 재무제표라는 복잡한 서류를 봐야 하는데, 거기엔 매출·영업이익·부채비율 같은 어려운 금융 용어들이 가득해요. 게다가 자전거 산업이 앞으로 어떻

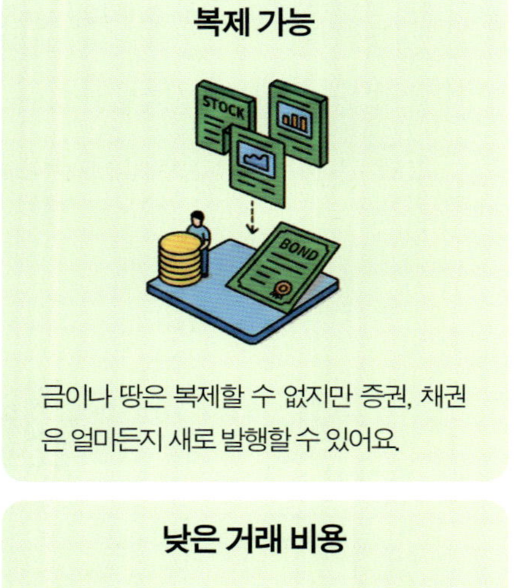

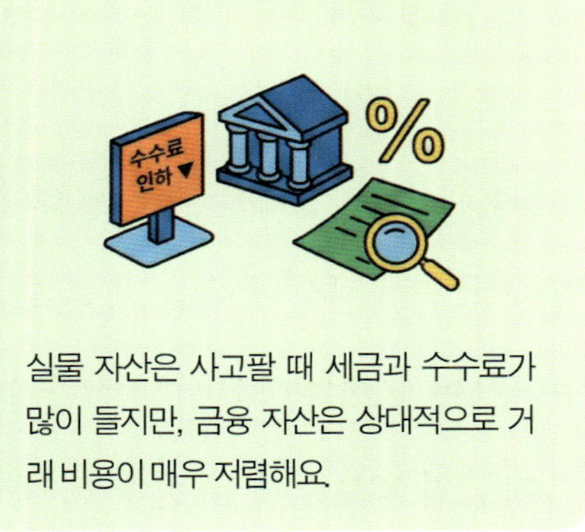

그림 2 금융 자산의 특징

게 될지도 알아야 하죠.

즉, 금융 자산은 실물 자산과 달리 직접 보거나 만질 수 없고, 복잡한 정보와 전문 지식이 필요하며, 아는 사람과 모르는 사람 사이에 격차가 생기기 쉽습니다. 그래서 정부에서는 모든 투자자가 공평하게 정보를 얻을 수 있도록 (뒤에서 자세히 배울 내용인) 공시 제도를 만들었어요. 이를 통해 모든 중요 정보를 동시에 공개하도록 하고 있지만, 정보를 이해하고 활용하는 능력의 차이는 여전히 존재한답니다.

그래서 금융 자산에 투자하려면 더 많은 공부와 준비가 필요합니다.

금융 자산이 필요한 이유 : 미래를 설계하는 열쇠

66 여러분, 혹시 BTS가 빌보드 차트 1위를 차지했을 때 하이브 주가가 얼마나 올랐는지 아시나요? 하루 만에 무려 10% 이상 급등했어요. 만약 여러분이 그 전에 하이브 주식을 가지고 있었다면, 자고 일어났을 뿐인데 자산이 10% 늘어난 셈이죠. 이게 바로 금융 자산의 매력이에요.

하지만 금융 자산의 필요성은 그저 돈 불리기에 있지 않습니다. 이번 수업에서는 왜 우리에게 금융 자산이 필수불가결한 존재인지, 그 이유를 파헤쳐 보려고 해요.

안전성 : 내 돈을 지키는 확실한 방법

현금을 집에 보관하는 것과 금융 기관에 맡기는 것, 어느 쪽이 더 안전할까요?

얼마 전, 일본에서 충격적인 일이 있었어요. 한 할머니가 집에 숨겨둔 돈이 흰개미에게 다 갉아 먹혔대요. 벌레가 아니어도, 불이 나면 종이돈은 한순간에 재가 되어 버려요. 도둑이 들면 흔적도 없이 사라지죠. 심지어 어디에 숨겨뒀는지 깜빡할 수도 있어요. 실제로 일본에서는 집안 곳곳에 현금을 숨겨둔 고령자들이 그 위치를 잊어 버려서 매년 수십억 엔의 잃어 버린 돈이 발생한다고 하네요.

반면 금융 기관은 어떨까요? 만에 하나 은행이 망하더라도, 우리나라는 예금자보호법으로 1인당 1억 원까지 정부가 보장해 줘요예금자보호법에 따라 예금보호 대상으로 운용되는 금융 상품에 한하여 보장, 2025년 9월 1일부터 기존 5천만 원에서 상향됨. 이게 얼마나 대단한 보장인지 역사적 맥락에서 살펴볼까요?

  펭수야~ 학교 가자! 2

1929~1933년 미국 대공황 당시, 수많은 은행들이 연이어 파산하면서 평생 모은 돈을 하루아침에 잃은 사람들이 넘쳐났어요. 당시 미국인들이 은행 앞에 줄을 서서 자신의 돈을 찾으려 했던 모습은 경제사의 가장 비극적인 장면 중 하나예요. 이런 참혹한 경험을 바탕으로 전 세계적으로 예금 보험 제도가 도입되었습니다.

1931년 뉴욕, 사람들이 자신의 예금을 찾기 위해 은행 앞에 긴 줄을 서 있는 모습.
(출처 : 미국 국립기록청)

　우리나라도 1997년 IMF 외환위기 때 여러 금융 기관이 어려움을 겪었고, 이를 해결하기 위해 정부가 직접 나서서 금융 시장을 안정시키기 위한 여러 조치를 했어요. 그리고 이런 경험을 계기로, 예금자보호 제도를 크게 강화했습니다. 이처럼 금융 자산은 국가 시스템의 보호를 받는다는 점에서 현금 보관과는 차원이 다른 안전성을 제공합니다.

편리성 : 언제 어디서나 쓸 수 있는 돈

　현금과 금융 자산의 편리성 차이는 정말 극명합니다.

　현금만 가지고 생활한다고 상상해 보세요. 온라인 쇼핑은 불가능하고,

넷플릭스나 유튜브 프리미엄 같은 구독 서비스도 이용할 수 없어요. 친구에게 급하게 돈을 보내려면 직접 만나야 하고요. 정말 불편하겠죠?

하지만 금융 자산이 있으면 이 모든 것이 스마트폰을 몇 번 터치함으로써 해결됩니다. 카카오페이로 치킨을 주문하고, 토스로 친구에게 송금하고, 해외에서도 카드 한 장으로 자유롭게 쇼핑할 수 있죠.

특히 코로나19 이후 '비대면 경제'가 급속히 확산되면서, 금융 자산의 중요성은 더욱 커졌어요. 한국은행 자료〈2024년 지급수단 및 모바일금융서비스 이용행태 조사결과〉에 따르면, 2019년 대비 2024년 현금 결제 비중26.4% ⋯▶ 15.9% 이 40% 가까이 감소했다고 합니다. 이는 결제 방식이 변화하고 있을 뿐 아니라, 경제 시스템 자체가 디지털 기반으로 바뀌고 있다는 신호예요.

또한 금융 자산은 '기록성'이라는 엄청난 편리함을 제공합니다. 현금으로 쓴 돈은 어디에 얼마나 썼는지 기억에만 의존해야 하지만, 금융 자산을 통한 모든 거래는 자동으로 기록되니까요.

수익성 : 돈이 스스로 자라는 비밀

앞서 제1권에서 인플레이션과 복리 개념을 배웠던 걸 기억하나요? '인플레이션'이란 물가가 지속적으로 오르는 현상을 말해요.

예를 들어 10년 전 아이스크림 한 개가 500원이었다면 지금은 1,500원 정도 합니다. 이처럼 물가가 오르면 같은 돈으로 살 수 있는 것들이 줄어들어요. 화폐의 구매력이 하락한 것이죠.

즉, 현금을 그냥 집에 두면 화폐에 쓰여 있는 액면가는 그대로이지만, 우리가 쓸 수 있는 실제 가치는 계속 줄게 됩니다.

반대로 인플레이션율보다 높은 수익률을 내는 금융 자산에 투자하면, 구매력을 유지하거나 오히려 늘릴 수 있습니다. 현재 우리나라의 연평균 인플레이션율이 약 2~3% 정도라고 하면, 최소한 그 정도는 수익률을 내야 돈의 실질 가치를 지킬 수 있는 거죠.

한편, 복리는 이자에도 이자가 붙는 것을 말합니다. 만약 매월 10만 원씩 30년간 저축한다면 총 3,600만 원을 모을 수 있어요. 하지만 연 5%의 복리로 운용한다면 약 8,300만 원이 되죠. 무려 2배 이상의 차이가 나는 거예요.

워런 버핏의 이야기를 떠올려 보세요! 제1권 92~93페이지 참고 그의 재산 중 99% 이상이 65세 이후에 만들어졌는데, 이는 젊은 시절부터 꾸준히 투자해 온 자산이 복리의 힘을 통해 기하급수적으로 불어난 덕분이에요.

목적성 : 꿈을 이루는 구체적인 계획

　금융 자산은 단순히 돈을 불리는 도구가 아니라, 인생의 구체적인 목표를 달성하기 위한 전략적 도구입니다.

　여러분의 꿈은 무엇인가요? 대학 진학, 해외 어학연수, 창업, 내 집 마련 등. 이런 목표들은 모두 상당한 자금을 필요로 하죠.

　6년 후 유럽 배낭여행을 위해 500만 원을 모은다고 해 볼게요.

　현금으로만 모은다면 매월 약 69,000원씩 저축해야 합니다. 하지만 적금이나 펀드를 활용해서 연 4%의 수익률을 낸다면, 매월 약 61,500원만 저축해도 이자가 붙어서 6년 후 500만 원을 만들 수 있어요 내가 저축하는 돈은 약 443만 원, 나머지 57만 원은 이자. 매월 7,500원씩 덜 저축해도 되는 거죠. 작은 차이 같지만, 6년간 누적하면 57만 원 이상의 차이가 납니다.

　이런 계획적인 자산 형성을 '목표 기반 투자Goal-Based Investment'라고 해요. 단지 돈을 불리는 것이 목적이 아니라, 구체적인 인생 목표를 달성하기 위한 수단으로 금융 자산을 활용하는 접근법입니다.

　목표 기반 투자에서 중요한 것은 시간과 위험의 관계예요. 1년 후에 필요한 돈이라면 원금 손실 위험이 있는 주식보다는 안전한 예금이나 적금이 적합해요. 반대로 10년 후에 필요한 돈이라면 인플레이션을 고려해서 주식이나 펀드처럼 성장성 있는 자산에 투자하는 것이 유리합니다.

경제 참여 : 사회 구성원으로서의 역할

금융 자산 형성은 개인적 이익을 넘어서 사회 전체의 발전에 기여하는 의미 있는 활동이에요.

여러분이 은행에 예금을 하면, 그 돈이 다른 사람의 대출로 활용되어 경제 활동을 돕습니다. 누군가의 창업 자금이 되기도 하고, 집을 사려는 사람의 주택 담보 대출이 되기도 하죠. 주식에 투자하면 기업의 성장 자금을 제공하는 셈이고, 채권을 사면 정부나 기업의 사업 자금을 지원하는 거예요. 이처럼 개인의 금융 자산 형성은 사회 전체의 자본 형성에 이바지합니다.

최근 K팝과 한국 드라마의 세계적 인기로 인해 한국 관련 주식이나 ETF에 투자하는 외국인들이 늘어나고 있어요. 이는 문화 콘텐츠의 성공이 금융 시장을 통해 경제 전반의 발전으로 연결되는 좋은 사례입니다. 여러분이 한국 기업의 주식에 투자하는 것도 같은 맥락에서 우리나라 경제 성장에 기여하는 일이랍니다.

리스크 관리 : 불확실한 미래에 대한 대비

마지막으로 리스크 관리 측면을 살펴볼게요. 살다 보면 예상치 못한 일들이 생기기 마련입니다. 갑작스러운 의료비, 스마트폰 파손, 가족의 경제적 어려움 등…. 이런 상황에서 현금이나 실물 자산밖에 없다면 곤란한 상황에 처할 수도 있습니다.

하지만 다양한 금융 자산을 보유하고 있다면 상황에 따라 유연하게 대응할 수 있어요. 급하게 돈이 필요하면 예금을 인출하고, 좀 더 여유가 있다면 펀드나 주식을 매도할 수도 있죠. 이처럼 금융 자산은 인생의 불확실성에 대비하는 경제적 안전망 역할을 합니다.

10년 뒤, 내 10만 원은 어떻게 변할까?

여러분은 지금 10만 원을 가지고 있습니다.

이 돈을 어떻게 보관하느냐에 따라 10년 뒤 모습은 완전히 달라집니다.

현금보관함   10만 원을 책상 서랍에 넣어둡니다. ⋯ **10년 뒤** 그대로 10만 원. 하지만 물가는 오르니, 그 돈으로 살 수 있는 건 지금의 7만 원 가치 정도.

이자만 붙는 단리 통장   10만 원을 은행에 넣고, 매년 2%의 이자를 받습니다. ⋯ **10년 뒤** 매년 2천 원씩 이자가 붙어, 10년 뒤엔 12만 원이 됩니다.

복리 통장   10만 원을 복리 연 2 %로 굴립니다. ⋯ **10년 뒤** 약 12만 2천 원. 단리보다 조금 더 많지만, 시간이 길어질수록 차이가 크게 벌어집니다.

장기 투자 계좌   10만 원을 위험을 감수하며 평균 연 7% 수익을 기대할 수 있는 주식형 자산에 투자합니다. ⋯ **10년 뒤** 10년 뒤 약 20만 원. 물론 손실 가능성도 있습니다.

 더 알아볼 것 & 생각해 볼 점

- 어떤 선택을 하고 싶은가?
- 지금부터 작은 돈이라도 금융 자산으로 관리한다면, 10년 후 어떤 차이를 누릴 수 있을까?

활동지 작성 TIP   이 사고실험의 목적은 금융 자산의 특징과 복리 효과를 직관적으로 체감하는 것입니다. 단순한 계산에 그치지 않고, "나는 어떤 선택을 하고 싶고, 그 이유는 무엇인가?"를 고민하여 장기적 관점에서 합리적인 선택의 조건에 관해 생각해 보세요.

내가 가진 금융 자산을 점검해 보자

"저도 이제 어엿한 금융인(?)인데…, 제가 가진 금융 자산이
뭐뭐 있는지 잘 모르겠어요! 그냥 통장에 있는 돈이면 금융 자산 아닌가요?"

"가진 돈을 어디에 두느냐에 따라 자산의 성격이 달라져.
은행에 예금하거나 주식·채권처럼 굴리기 시작하면 그게 바로 금융 자산이지.
오늘은 우리가 가진 금융 자산을 정리하고, 그것이 미래에 어떻게 변할지,
또 나의 목표와 맞는지를 함께 점검해 보자!"

내가 가지고 있는 금융 자산이 꿈꾸는 미래의 변화와 목표에 맞는지 꼭 점검해 보세요.
그러면 금융 자산이 그냥 숫자가 아니라, 나의 꿈과 연결된 '미래를 만드는 도구'임을 느
낄 수 있을 것입니다.

1단계 : 나는 지금 어떤 금융 자산을 가지고 있나?

내가 가진 금융 자산	현재 금액	어디에 보관/운용하고 있나?
예금/적금		(청소년 통장, 자유 적금 등)
주식		(증권 계좌)
채권		(국채, 회사채 등)
보험		(저축성 보험 등)
기타		

☞ 지갑 속 현금이 아닌 "금융 기관을 통해 관리되는 자산"만 적어 보세요.

2단계 : 내가 가진 금융 자산은 향후 어떻게 변화할까?

● 지금 내 예금/적금은 ＿＿＿＿＿ 년 뒤 얼마로 늘어날까?

● 내가 가진 주식/채권은 앞으로 ＿＿＿＿＿ % 정도 오를 수도 있고, 내려갈 수도 있어.

● 보험이나 장기 저축 상품은 언제쯤, 어떤 방식으로 나에게 도움이 될까?

☞ 금액뿐 아니라, 금융 자산의 성격(안정적·위험·장기적 등)도 함께 생각해 보세요.

3단계 : 나의 목표에 부합하는가?

단기 목표 금액(1년 이내)　　：＿＿＿＿＿＿＿＿＿ 원

중기 목표 금액(3~5년)　　　：＿＿＿＿＿＿＿＿＿ 원

장기 목표 금액(10년 이상)　：＿＿＿＿＿＿＿＿＿ 원

⇨ 내가 가진 금융 자산이 이 목표를 이루는 데 적합한가요?　예 □　　아니오 □

4단계 : 나의 점검 & 다짐

● 지금 내 금융 자산의 강점은?

＿＿＿＿＿＿＿＿＿＿＿＿＿＿＿＿＿＿＿＿＿＿＿＿＿＿＿＿＿＿＿＿

＿＿＿＿＿＿＿＿＿＿＿＿＿＿＿＿＿＿＿＿＿＿＿＿＿＿＿＿＿＿＿＿

● 앞으로 보완해야 할 점은?

＿＿＿＿＿＿＿＿＿＿＿＿＿＿＿＿＿＿＿＿＿＿＿＿＿＿＿＿＿＿＿＿

＿＿＿＿＿＿＿＿＿＿＿＿＿＿＿＿＿＿＿＿＿＿＿＿＿＿＿＿＿＿＿＿

● 나의 다짐 한마디

＿＿＿＿＿＿＿＿＿＿＿＿＿＿＿＿＿＿＿＿＿＿＿＿＿＿＿＿＿＿＿＿

아는 것이 힘이다!
금융 용어 빙고 게임

▷ 이번 시간
유튜브 영상 보기

펭수야~ 학교 가자! 2

"앞선 수업에서 금융 자산의 문제점으로 '정보의 비대칭성'을 이야기했어. 어려운 용어와 개념이 많아서 정보를 이해하지 못하는 경우, 금융 자산을 형성하는 데 불리할 수밖에 없지. 그래서 공부가 필요해!

오늘은 주식 시장과 관련된 정보를 이해하는 데 기초가 되는 용어와 개념들을 공부할 거야. 하지만 그냥 외우기만 하면 재미없겠지? 함께 게임으로 배워 보자."

주영 쌤이 활짝 웃으며 말했다.

"오~, 게임 좋아!"

펭수가 의자를 들썩였다. 쌤이 말했다.

"짜잔! 빙고 게임이야. 선생님이 특별 단어집을 준비했어. 어려웠던 금융 용어들을 천천히 외우고, 그다음 본격적으로 빙고 판을 채워 볼 거야."

펭수는 단어집을 소리 내어 읽기 시작했다.

"대출~, 돈이 부족할 때! 부채~, 빚진 돈!"

"조용히 좀 해 주세요!" 똘비가 얼굴을 찌푸리며 투덜댔다. "자기만 헤드셋 쓰고 있으니까, 소리 안 들린다고 이래요! 완전 방해돼요."

그때 쌤이 "준비 종료!"를 외치더니 빙고 판을

나눠 주며 말했다.

"단어만 외쳐서는 안 되고, 뜻도 정확하게 말해야 해! 그럼, 선생님부터 할게.

부채! 부채란 빌린 돈, 즉 갚아야 할 돈이야."

쌤의 말이 끝나자, 셋 다 '부채'를 적은 칸에 동그라미를 쳤다.

이번엔 똘비 차례.

"저는 '주주' 하겠습니다. 주주란 주식을 가진 사람입니다."

"정답!"

"저는 시장가! 시장가는 시장 가격입니다!"

펭수가 자신 있게 외쳤지만, 쌤은 고개를 저으며 단호하게 말했다.

"안 돼. 설명이 부족해."

"예? 그게 다 아닌가요?"

"5, 4, 3, 2, 1, 땡!"

똘비가 박자를 세며 장난을 쳤다. 주영 쌤도 웃으며 외쳤다.

"탈락!"

"그러면 시장가가 뭔데요?"

펭수가 억울해하자, 쌤이 덧붙였다.

"시장가란 '현재 시장에서 형성된 가격'이지."

"제가 한 말이랑 똑같잖아요!"

"형성이라는 단어를 안 썼잖아. No 인정!"

펭수가 정색하며 말했다.

"노인정은 어르신들이 계신 곳이라고요…!"

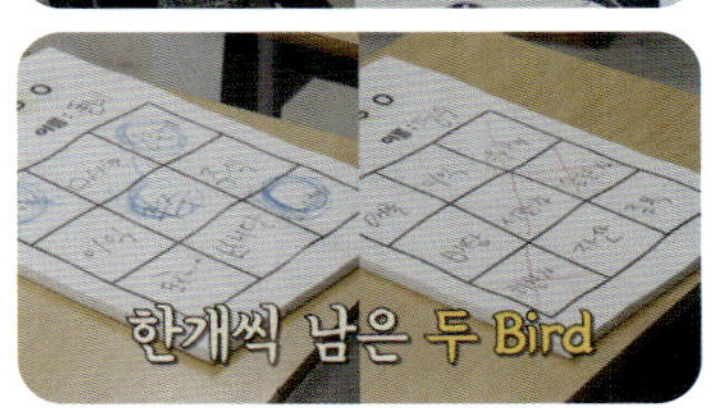

빙고 판이 점점 채워지고, 긴장감이 높아졌다.

"상한가! 하루에 주가가 오를 수 있는 최고치!"

"하한가! 하루에 떨어질 수 있는 최저치!"

똘비와 주영 쌤이 차례로 맞히며 칸을 채웠다.

이윽고 펭수의 재도전 차례!

"시장가! 이번엔 제대로 하겠습니다. 현재 시장에서 형성되어 있는 판매 가격!"

"정답!"

하지만 이미 늦었다. "두 줄 완성!"이라며 똘비가 먼저 환호성을 지른 것이다.

"오늘 1등은 똘비!"

주영 쌤이 선언하자, 교실은 박수 소리로 가득 찼다.

이자와 금리 : 돈의 사용료와 그 비율

❝ 뉴스에서 이런 말을 들어본 적이 있죠?

"기준 금리가 0.25%p퍼센트 포인트 인상되었습니다." "예금 이자가 오름에 따라 은행에 돈이 몰리고 있습니다."

이런 문구들은 사실 어른들도 대충 듣고 넘기기 쉬워요. 하지만 우리가 금융을 제대로 이해하려면, 이처럼 자주 등장하는 기본 용어부터 확실히 알아야 해요. 아직은 외계어처럼 들리지만, 이번 수업에서 확실히 정리하고 나면 내일부터는 뉴스가 다르게 보일 거예요.

이자와 금리 : 돈의 사용료와 그 비율

친구에게 20,000원을 빌려줬는데 한 달 후 22,000원을 돌려받았다면, 그 2,000원이 바로 이자입니다. 이자를 왜 줄까요? 여러분이 한 달 동안 20,000원을 쓸 수 없었던 것에 대한 보상이에요. 즉, 이자는 돈을 빌려주거나 맡겨 두었을 때 받는 보상, 돈의 사용료라고 할 수 있습니다.

그렇다면 이자와 금리^{이자율}는 어떻게 다를까요? 이자가 받거나 내는 '돈의 액수'라면, 금리는 그 이자의 '비율'이에요. 앞의 예에서 20,000원을 빌려주고 2,000원의 이자를 받았으니, 금리는 10%가 되는 거죠. 쉽게 말해 이자는 '얼마'이고, 금리는 '몇 퍼센트'예요.

뉴스에서 자주 나오는 "한국은행이 기준 금리를 인상/인하했다"는 건, 국내 은행 이자율의 '기준이 되는 금리'를 바꿨다는 뜻입니다. 기준 금리가 달라지면 그에 따라 시중 은행 금리도 변합니다. 여러분의 예금과 적금, 부모님의 대출에 적용되는 이자율도 달라져요.

	이자	금리
정의	돈을 빌려주거나 맡길 때 대가로 받는 금액	원금 대비 이자 금액이 차지하는 비율
단위	원, 달러 등 (절대값)	% (백분율)
예시 (20,000원을 빌려주고 2,000원을 이자로 받은 경우)	2,000원	10%
계산법	원금 × 금리 × 기간	(이자 ÷ 원금) × 100
표현 예시	"이자 부담 증가" "이자 부담 경감"	"금리 인상" "금리 인하"

표1 이자 vs 금리 개념 비교

그림3 이자와 금리, 실생활에선 어떻게 쓸까?

그럼 뉴스에 자주 나오는 %p퍼센트 포인트란 뭘까요? 이는 퍼센트와 퍼센트 사이의 '차이'를 나타내는 말입니다. 예를 들어, 기준 금리가 3%에서 4%로 오르면, 금리가 1%p 오른 거예요. 만약 "33% 올랐다"라고 말하면, 이는 금리의 상대적인 증가율을 뜻하므로 혼동을 줄 수 있거든요.

이처럼 %p는 금리 수준의 절대적인 변화를 정확하게 나타내기 위해 사용합니다. 쉽게 말해, 금리 변화가 얼마나 컸는지를 명확하게 알려주기 위한 표현이라고 할 수 있어요.

주식 시장의 기본 언어: 종목부터 거래까지

❝ 대형 마트에 가면 1층에는 식품, 2층에는 의류, 3층에는 전자제품 등 구역별로 나뉘어 있고, 각 상품에는 바코드가 붙어 있어요. 주식 시장도 이와 비슷합니다. 각 회사의 주식을 구분해서 사고파는데, 이때 각각의 주식을 '종목'이라고 불러요.

주식 종목과 종목 코드 : 회사마다 고유한 식별표

삼성전자, SK하이닉스, 카카오, 네이버…. 주식 시장에서 거래되는 이런 회사들 각각을 '종목'이라고 합니다. 그리고 종목을 더 정확하게 구분하기 위해 주민등록번호처럼 회사마다 고유한 번호 또는 이름을 붙이는데, 이를 '종목 코드'라고 해요.

종목 코드가 왜 필요할까요? 예를 들어, '삼성'이라는 이름이 들어간 회사만 해도 삼성전자, 삼성물산, 삼성생명, 삼성화재 등 여러 개가 있거든요. 그냥 '삼성 주식'이라고 하면 어떤 삼성인지 헷갈리죠. 하지만

'005930번 주식'이라고 하면 정확히 삼성 전자를 가리키는 거예요.

한국의 종목 코드는 보통 6자리 숫자로 이루어져 있어요. 예를 들어, 삼성전자는 005930, SK하이닉스는 000660, 네이버는 035420, 카카오는 035720인 식이죠.

한편, 미국에서는 알파벳으로 된 티커 Ticker, '심볼'이라고도 함를 종목 코드로 사용합니다. 미국의 티커는 1~5개의 알파벳으로 이루어져 있고, 대체로 회사 이름이나 특징이 떠오르도록 만들어요. 예를 들어, 애플은 AAPL, 아마존은 AMZN처럼 회사의 정체성을 직관적으로 나타냅니다.

종목은 보통 업종별로 묶어서 이야기하곤 합니다. 뉴스에서 "반도체 종목들이 강세를 보였다."라고 하면, 삼성전자나 SK하이닉스 같은 반도체 회사들의 주가가 올랐다는 뜻이에요. "엔터 종목이 약세다."라고 하면 하이브,

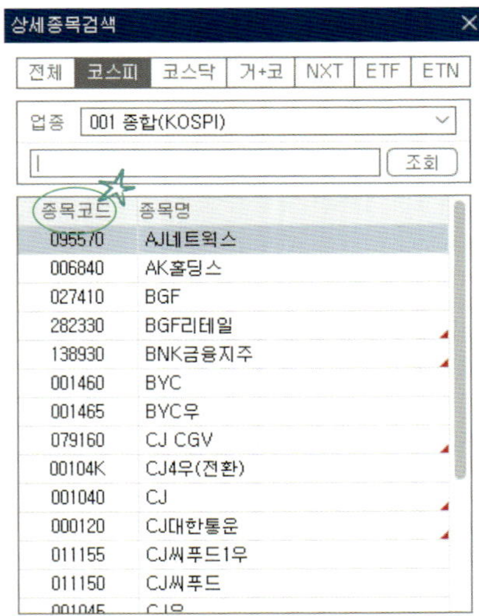

상장되어 있는 모든 주식 종목에는 고유한 종목 코드가 존재한다.
(출처 : 키움증권 웹트레이딩 캡처)

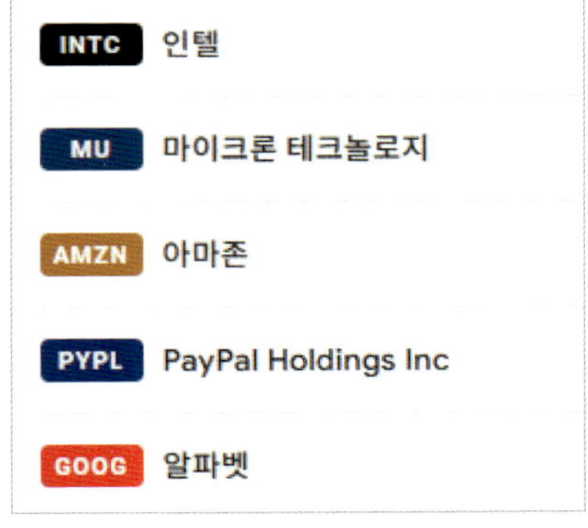

미국의 종목 코드인 티커/심볼은 알파벳으로 구성된다.
(출처 : 구글 파이낸스 캡처)

기업들을 업종별로 묶은 것, 섹터와 산업이란?

주식 시장에서 섹터와 산업은 기업들을 분류하는 데 사용하는 중요한 개념이다. 이 두 용어는 비슷해 보이지만, 기업을 나누는 범위에 차이가 있다.

- **섹터 : 기업들을 사업의 큰 범주에 따라 나눈 것**
  기술, 금융, 헬스케어, 소비재 등 매우 광범위한 분야로 구분한다. 삼성전자, 마이크로소프트, 구글은 모두 '기술 섹터'에 속한다. 이는 기업들의 비즈니스 모델이나 주요 활동이 서로 유사해서다.

- **산업 : 섹터보다 더 세부적인 분류**
  '기술 섹터'는 다시 '반도체 산업', '소프트웨어 산업', '인터넷 서비스 산업' 등으로 나눌 수 있다.

  이렇게 기업을 섹터와 산업으로 분류하는 것은 투자에 매우 중요하다. 경제 상황에 따라 특정 섹터나 산업이 강세를 보이거나 약세를 보일 수 있기 때문이다.

SM, JYP 같은 엔터테인먼트 회사들의 주가가 떨어졌다는 거죠.

최근에는 특정 테마로 종목들을 분류하기도 해요. K팝 관련주, AI 관련주, 이차전지 관련주 이런 식으로요. 예를 들어, BTS가 빌보드 차트 1위를 하면 하이브뿐만 아니라 K팝과 관련된 다른 회사들, 심지어 BTS 굿즈를 만드는 회사까지 함께 주가가 오르기도 한답니다.

시장가 : 지금 이 순간 시장에서 매겨지는 가격

시장가란 말 그대로 '시장에서 형성되고 있는 현재 가격'입니다. 주식을 살 때 '시장가 주문'을 하면 바로 이 순간 거래되고 있는 가격으로 살 수 있어요주식 가격은 계속 변하므로, 주문을 누른 순간의 가격으로 거래가 완료됨.

시장가(현재가) 지금 이 순간 거래되고 있는 가격

시장가 주문 현재 시장가에 즉시 사고파는 주문 방식

주식 시장에서는 매 순간 수많은 사람들이 수많은 종목을 사고팔고 있어요. 이렇게 사고 싶은 사람들과 팔고 싶은 사람들이 만나서 실제로 거래가 이루어지는 가격이 바로 시장가입니다.

예를 들어, 지금 이 순간 A 회사 주식이 20만 원에 거래되고 있다면, 20만 원이 현재의 시장가예요.

하지만 이 가격은 고정되어 있지 않습니다. 1분 뒤에는 20만 1천 원이 될 수도 있고, 19만 9천 원이 될 수도 있어요.

그림 4 시장가란?

상한가와 하한가 : 롤러코스터의 안전 장치

롤러코스터에 안전 바가 있듯이, 주식 시장에도 안전 장치가 있습니다. 바로 상한가와 하한가입니다.

한국 주식 시장에서는 하루에 주가가 30%까지만 오르내릴 수 있어요. 만약 어떤 주식이 10,000원이었다면, 그날은 13,000원_{상한가}까지만 올라요. 반대로 아무리 나쁜 소식이 있어도 7,000원_{하한가}까지만 떨어집니다.

왜 이런 제한을 둘까요?

해외 사례를 보면 그 이유를 알 수 있어요. 일례로, 2021년 미국에서 '게임스톱'이라는 회사 주식이 며칠 만에 100배 가까이 올랐다가 폭락한 일이 있었답니다. 이 과정에서 늦게 산 사람들은 평생 모은 돈을 하루아침에 잃기도 했죠. 우리나라는 이런 극단적인 투기와 공황을 막기 위해 하루 변동 폭을 제한하는 것입니다.

즉, 상한가와 하한가 제도 덕분에 우리나라 투자자들은 하루에 최대 30%까지만 벌 수 있고, 반대로 잃더라도 손실이 30%를 넘지 않아요. 급격한 변동으로부

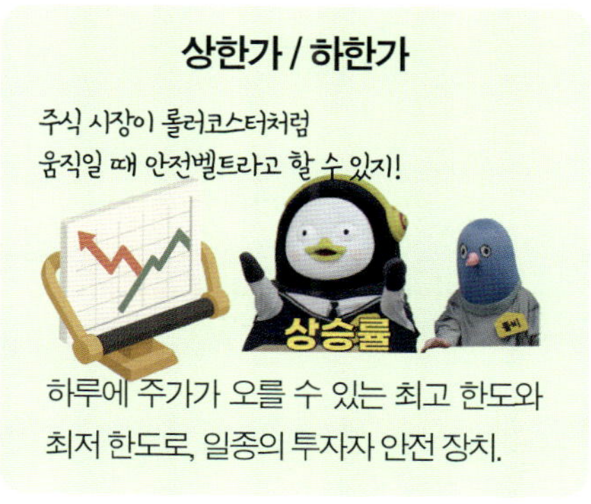

그림 5 　상한가와 하한가란?

터 보호받는 거죠. 물론 며칠 연속 하한가를 치면 큰 손실이지만, 적어도 하루아침에 전 재산을 잃는 일은 막을 수 있어요.

다만 상한가와 하한가에도 예외가 있습니다. 새로 주식시장에 상장한 회사나 특별한 경우에는 이 30% 규칙이 적용되지 않을 수도 있어요. 주식시장에 큰 문제가 생길 것 같으면 아예 거래를 멈추는 거래 중단이나 매매 중단 같은 제도도 있죠.

거래량과 거래대금 : 시장의 온도계

마지막으로 거래량과 거래대금을 알아보겠습니다. 이 두 개념은 주식시장의 분위기를 파악하는 데 정말 중요해요.

거래량은 하루에 거래된 주식의 개수, 거래대금은 거래된 금액의 총합이에요. 분식집에 비유해 볼게요. 오늘 김밥 100개가 팔렸다면 거래량은 100개입니다. 김밥이 개당 3,000원이니까 거래대금은 300,000원이고요.

거래량이 많다는 건 그만큼 관심이 뜨겁다는 뜻입니다. 평소 하루 1만 주 정도 거래되던 종목이 갑자기 100만 주나 거래된다면, 분명히 무슨 일이 있다는 신호죠. 사람들이 관심을 갖고 있다는 거니까요.

예를 들어, 2021년 〈오징어게임〉이 전 세계적으로 인기를 끌었을 때,

거래량과 거래대금은 증권 정보 사이트에서 쉽게 확인할 수 있다. (출처 : 네이버 증권 캡처)

넷플릭스 주식은 물론이고 한국의 콘텐츠 관련 주식들의 거래량이 폭발적으로 늘어났어요. 투자자들이 "다음 〈오징어게임〉을 만들 회사가 어디 없을까?" 하며 관련 종목들을 찾아서 거래한 거죠.

거래량을 보면 주식의 유동성도 알 수 있어요. 거래량이 많은 종목일수록 언제든 쉽게 팔 수 있고, 반대로 거래량이 적은 종목은 팔고 싶어도 사려는 사람이 없어서 못 팔 수 있죠.

한편, 거래대금은 시장 전체의 활성화 정도를 보여 줘요. 코스피 전체 거래대금이 평소보다 많으면 시장이 활발하다는 뜻이고, 적으면 관심이 식었다는 신호예요. 특히 거래대금 상위 종목을 보면 그날 투자자들이 어떤 주식에 관심을 갖고 있는지 한눈에 알 수 있어요.

똘비의 주식 백화점에 오신 걸 환영합니다!

똘비는 주식 시장 용어들을 배우고 나서, 예전에 아르바이트를 했던 백화점을 떠올렸습니다. 각 층마다 다른 상품이 진열되어 있었고, 상품마다 고유한 번호바코드가 붙어 있었죠. 또 하루가 끝나면 어떤 상품이 가장 잘 팔렸는지 인기 순위도 발표되곤 했습니다.

"어? 이거 주식 시장이랑 비슷한데?"

똘비처럼 백화점에서 볼 수 있는 것들과 주식 용어들을 선으로 연결해 볼까요?

회사마다 고유한 번호가 있어요.

가격은 매 순간 변하고 있어요.

하루에 오르내릴 수 있는 한계선이 있어요.

많이 거래되는 상품일수록 관심이 높아요.

 더 알아볼 것 & 생각해 볼 점

- 인기 많은 상품(거래량 많은 종목)만 고르는 게 항상 좋은 선택일까?
- 만약 바코드 대신 '상품 이름'만 보고 샀다면, 잘못된 선택을 할 가능성이 얼마나 될까?

활동지 작성 TIP 평소 친숙한 요소들을 통해 낯선 용어에 익숙해지고, 용어의 개념을 직관적으로 받아들이기 위한 활동입니다. 단순히 선만 잇지 말고, 왜 그렇게 연결했는지 설명을 적어 보세요. / 정답은 '바코드 - 종목 코드', '가격표 - 시장가', '안전 장치 - 상한가, 하한가', '인기 척도 - 거래량, 거래대금'입니다.

펭수와 함께하는 금융 용어 빙고 게임

"이건 거의 외계어가 아니냐고? 처음 보는 용어가 알쏭달쏭하다면
게임으로 재미있게 복습하자! 빙고~!"

게임 준비 1단계. 단어집 공부하기

 **예금**

은행에 돈을 맡기고
일정 기간 후 이자와
함께 돌려받는 것.

 **적금**

매달 일정 금액을 꾸준히 은행
에 넣어 만기일에 원금과 이자
를 함께 받는 것.

 **주식**

기업의 주인이 되는 권리.
주식을 사면 회사의 일부를
소유하게 되는 것.

 **채권**

정부나 기업에 돈을 빌려주고, 정해진
이자와 함께 만기일에 원금을
돌려받는 약속 증서.

 **상한가**

주식 가격이 하루에
오를 수 있는 최대치.
(한국: +30%)

 **하한가**

주식 가격이 하루에
내릴 수 있는 최대치.
(한국: -30%)

 **시장가**

지금 이 순간 실제로 거래
되는 주식 가격. 즉시 매
수·매도할 수 있다.

 **종목**

주식 시장에서 거래되는
개별 기업 단위. (애플, 쿠
팡, 네이버, 카카오 등.)

 **종목코드**

주식 시장에서 기업마다
가지게 되는 고유 번호
또는 알파벳.

 **주주**
주식을 가진 사람. 회사의 일부 주인이 되며, 이익을 나눠 받을 권리를 가짐.

 **거래량**
하루 동안 사고팔린 주식의 수량. 많을수록 시장의 관심이 높다는 뜻.

거래대금
하루 동안 사고팔린 주식의 총 금액. 시장의 활발함을 보여줌.

게임 준비 2단계. 빙고 판 준비하고 단어 적기

- 펭수와 뚤비가 쓴 것과 똑같이 3×3 빙고 판에 단어집에서 외운 금융 용어를 무작위로 적습니다.

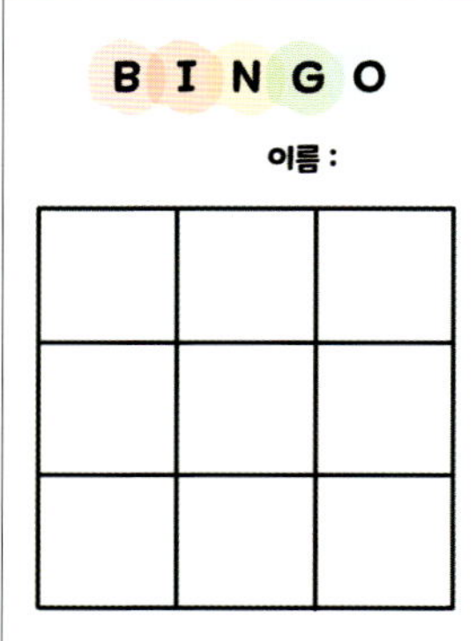

빙고 게임 START!

- 한 사람씩 돌아가며, 금융 용어를 말하고 단어의 의미를 설명합니다. 선생님 또는 게임을 함께하는 친구들이 인정하면 정답!
- 정답이 나오면 각자 자기 빙고판에서 해당 용어를 찾아 표시합니다.
- 가로·세로·대각선 중 한 줄을 먼저 완성한 사람이 승리!

CHECK POINT!

□ 단어와 설명을 정확히 연결할 수 있는가?

□ 규칙을 바꿔 보자. 설명을 먼저 듣고, 용어를 연결시킬 수 있는가?

반토막이 난
펭수의 투자금...?

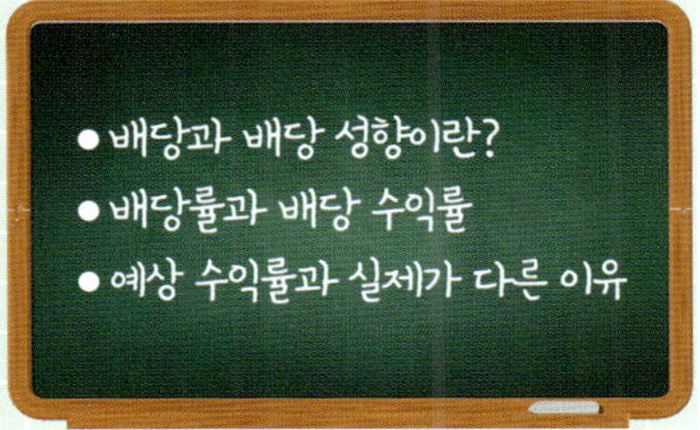

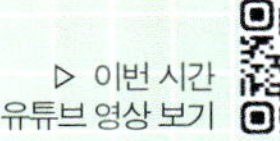

"그러고 보니 빙고 단어집에 배당을 안 넣었네! 초등학교 때 '배당'에 대해서 배웠던 거 기억나? 회사가 수익을 내면, 그 일부를 주주에게 나눠 주는 거 말야."

주영 쌤의 말에 똘비가 고개를 갸웃했다.

"쌤, 주식 가격이 내려갈 수도 있잖아요? 주가가 떨어지면 배당도 줄어드나요?"

"좋은 질문이야. 주식 가격은 오르기도 하고 내리기도 하지. 하지만 배당 자체는 기업이 분기마다 정책을 발표해서 정해. '우리는 이익 중 얼마를 주주들에게 돌려주겠다.' 하고 말이지."

펭수가 의자에 기대며 미소를 지었다.

"그런 거라면 안심하고 배당을 주는 회사의 주식을 살 수 있겠는데요. 주가가 떨어져도, 주기로 한 배당은 똑같이 준다는 거잖아요?"

"맞아. 그래서 주가가 얼마나 오르냐보다 배당을 얼마나 주느냐에 초점을 맞추고 투자하는 경우도 많아. 투자한 돈 대비 주식 배당금이 얼마인지 나타내는 비율을 '배당률'이라고 해.

초등학교 과정에서 모의 투자를 해 봤지?"

두 친구는 입을 모아 의기양양하게 말했다.

"모의 투자라면 완전 자신 있죠!"

주영 쌤이 교탁 아래에서 투자 종목 상자를 꺼내 들었다.

"오늘은 지난번 모의 투자에서 한발 더 나아가, 배당까지 고려하는 투자를 경험해 볼 거야.

자, 여기 각 회사의 예상 주가 상승률, 배당률, 위험도가 적혀 있어. '모의 투자 회사 소개' 표를 보고, 이 중 어떤 기업에 투자할지 결정해 봐.

우선 둘에게 투자금을 나눠줄게. 자, 똘비는 3만 원. 펭수는 2만 원."

"잠깐만요, 제가 왜 더 적어요? 불공평합니다!" 펭수가 잔뜩 뾰로통한 목소리로 말했다. "시작은 미비했으나 끝은 창대할지니!"

"끝이 더 미비할 수도 있지."

주영 쌤이 능청스럽게 받아쳤다.

모의투자 회사소개

종목	현재가 (1주)	예상 주가 상승률	예상 배당률	투자 위험도
키움전자		10 %	5 %	●●●○○
키움식품		5 %	10 %	●○○○○
키움로봇		50 %	0 %	●●●●●
키움화장품	10,000	5 %	10 %	●○○○○
키움TV		10 %	5 %	●●●○○
키움자동차		3 %	20 %	●●●○○
키움제약회사		15 %	5 %	●●●○○
키움음료		3 %	20 %	●○○○○

그러거나 말거나 뚤비는 교탁 앞으로 나와 차분하게 종목을 고르기 시작했다.

"저는 키움식품 1주(10,000원), 키움화장품 1주(10,000원), 키움자동차 1주(10,000원)를 살래요."

"펭수는?"

쌤의 물음에 펭수는 눈빛을 번뜩이며 외쳤다.

"저는 키움로봇 1주(10,000원)와 키움자동차 1주(10,000원)를 사겠습니다!"

잠시 후. 쌤이 새로운 표를 내밀며 말했다.

"이제 1년이 흘렀다고 가정하자. 주가가 이렇게 바뀌었어."

모의투자 회사소개

종목	과거	현재가	예상 주가 상승률	주가 변동률	배당률	투자종료	투자 위험도
키움전자	10,000 →	50,000	10 %	500 %	5 %	50,500	●●●○○
키움식품	10,000 →	10,500	5 %	5 %	10 %	11,500	●○○○○
키움로봇	10,000 →	4,500	50 %	- 55 %	0 %	4,500	●●●●●
키움화장품	10,000 →	10,500	5 %	5 %	10 %	11,500	●●○○○
키움TV	10,000 →	9,800	10 %	- 2 %	5 %	10,300	●●●○○
키움자동차	10,000 →	10,300	3 %	3 %	20 %	12,300	●●●○○
키움제약회사	10,000 →	10,000	15 %	-	5 %	10,500	●●●○○
키움음료	10,000 →	9,500	3 %	-5 %	20 %	11,500	●○○○○

펭수는 표를 보자마자 비명(?)을 질렀다.

"저게 뭐야…!"

주영 쌤이 칠판에 똘비의 모의 투자 성과를 적었다.

키움식품 : 10,000원 → 10,500원 (주가 +5%), 배당 10%　　= 최종 11,500원

키움화장품 : 10,000원 → 10,500원 (주가 +5%), 배당 10%　　= 최종 11,500원

키움자동차: 10,000원 → 10,300원 (주가 +3%), 배당 20%　　= 최종 12,300원

"그래서 똘비는 3만 원을 투자해서 최종 34,300원이 되었어. 주가는 총 1,300원 올랐지만, 여기에 배당이 더해져 무려 5,300원을 벌었지!"

똘비가 환호성을 지르는 바로 옆, 펭수는 넋이 나간 표정이었다. 쌤이 이번에는 펭수의 모의 투자 성과를 적었다.

키움로봇 : 10,000원 → 4,500원 (주가 -55%), 배당 없음　　= 최종 4,500원

키움자동차: 10,000원 → 10,300원 (주가 +3%), 배당 20%　　= 최종 12,300원

"펭수는 총 2만 원 투자해서 최종 16,800원이 됐네. 키움로봇은 주가가 떨어진 데다, 배당마저 없어서 결국 3,200원을 잃었어."

"하지만!" 펭수가 갑자기 벌떡 일어났다. "여기서 팔면 진짜 손해 아닙니까? 저는 장기 투자, 장투로 가겠습니다!"

"와, 주가가 반 토막이 되었는데 장기 투자를 한다고요?"

똘비가 눈을 동그랗게 떴다.

"맞아, 장기적으로 오를 수도 있어. 하지만 그것도 장담할 수 없지." 주영 쌤이 차분히 정리했다. "반면 똘비의 투자 결과는 달랐어. 식품, 화장품, 자동차 모두 조금씩 올랐고 배당금까지 받아서 배당과 분산 투자를 활용한 효과를 톡톡히 보았고!"

주영 쌤은 둘을 번갈아 보며 말을 이었다.

"오늘 배운 건, 예상 수익률은 어디까지나 '예상'일 뿐이라는 거야. 실제 결과는 달라질 수 있어. 변동성을 고려해서, 항상 조심해야 한다는 것도 기억해."

펭수와 똘비는 동시에 대답했다.

"네!"

배당이란 무엇일까? : 기업의 이익을 나누는 약속

66 학교 축제에서 친구들과 부스를 운영해서 20만 원의 순이익을 냈다고 해 봅시다. 이 돈을 어떻게 나눌까요? 처음 자본금을 낸 비율대로 나누는 게 공평하겠죠. 만약 A가 전체 자본금의 30%를 냈다면, 이익 20만 원 중 6만 원을 받게 됩니다. B가 50%를 냈다면, 이익의 절반인 10만 원을 받을 테고요. 자본 시장에서도 똑같은 일이 일어나는데, 이것이 바로 배당입니다.

주주는 기업의 주인, 배당은 주인의 몫

배당은 기업이 벌어들인 순이익의 일부를 주주들에게 현금으로 나눠 주는 것을 말합니다.

기업은 왜 힘들게 번 돈을 나눠줄까요? 주주들이 바로 그 기업의 실질적인 주인이기 때문입니다. 여러분이 애플의 주식 1주를 가지고 있다면, 비록 아주 작은 부분이지만 애플의 주인인 셈이죠.

그런데 여기서 중요한 경제 원리가 등장합니다. 제1권에서 배웠던 기회비용 제1권 2-2교시 참고 이에요.

만약 기업이 100억 원을 배당으로 지급하면, 그 100억 원으로 할 수 있었던 다른 투자 기회를 포기하는 셈입니다. 새로운 기술을 개발하여 미래에 1,000억 원을 벌 수 있다면, 지금 100억 원을 배당하는 것보다 재투자를 하는 편이 더 현명하겠죠. 애플이 2000년대 초반에 배당을 중단하고 아이폰 개발에 집중했던 것도 같은 이유입니다.

이런 의사 결정을 '배당 정책'이라고 부르는데, 기업의 성장 단계와 산업 특성에 따라 크게 달라집니다. 성장하는 기업일수록 재투자에, 성숙한 기업일수록 배당에 집중하는 경향이 있어요.

이는 수요와 공급의 법칙과도 연결됩니다. 성장하는 기업은 새 사업이나 기술 개발 같은 투자 기회에 대한 수요가 높고, 성장이 느려진 성숙 기업은 주주들이 현금 배당에 대한 주주들의 수요가 높기 때문이죠.

즉, 성장 기업의 주주들은 재투자를 통해 사업을 키워서 주식 가치가 높아지길 원하고, 성숙 기업의 주주들은 주가에 대한 기대보다는 현금으로 배당을 꾸준히 받길 원하는 경향이 큽니다.

성장 기업의 경우

빠르게 성장하는 온라인 쇼핑몰을 운영한다고 생각해 보세요. 매달 매출이 2배씩 늘어나고 있고, 새로운 서비스 아이디어도 넘쳐나는 상황입니다.

성숙 기업의 경우

동네에서 가장 큰 마트를 운영하고 있다고 생각해 보세요. 매출은 안정적이지만, 더 이상 폭발적으로 성장하기는 어려운 상황입니다.

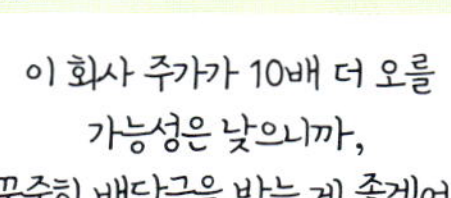

그림 6 성장 기업과 성숙 기업의 배당 정책이 다른 이유

실제 사례를 통해 볼까요? 2024년 기준으로 살펴보면, 애플은 분기당 약 0.25달러의 배당금을 지급했습니다. 연간으로 계산하면 주당 약 1달러가 되죠. 주가가 230달러 정도라면, 배당 수익률을 계산하는 방법은 간단합니다. (연간 배당금 ÷ 주가) × 100 = (1 ÷ 230) × 100 = 약 0.43%가 됩니다.

한편, 아마존은 배당금을 전혀 지급하지 않아서 배당 수익률이 0%입니다. 왜 이렇게 차이가 날까요? 아마존은 아직 성장하는 기업이라 벌어들인 돈을 클라우드 서비스나 새로운 기술 개발에 재투자하는 게 더 중요하다고 판단한 거예요.

반면 코카콜라 같은 소비재 일상생활에서 소비하기 위해 구매하는 제품 기업은 분기당 0.485달러, 연간 약 1.94달러로 약 2.97%의 안정적인 배당 수익률을 제공합니다. 이미 전 세계적으로 유명한 기업이라 대규모 신규 투자보다는 주주들에게 꾸준한 이익을 돌려주기를 선택한 거죠.

같은 이유로, AT&T 같은 미국 통신회사는 분기당 0.2775달러, 연간 약 1.11달러로 약 3.9%의 높은 배당 수익률을 제공하기도 합니다.

배당의 매력은 바로 이런 안정성에 있습니다. 주가는 매일 오르락내리락하지만, 배당금은 기업이 약속한 날짜에 정확히 입금돼요. 사과나무를 심으면 매년 사과를 수확하듯, 주식을 보유하고 있으면 정기적으로 현금을 받을 수 있죠.

워런 버핏의 사례는 배당의 힘을 보여 주는 대표적인 예입니다. 그는 코카콜라 주식에서 받는 연간 배당금이 7억 달러가 넘는데, 이는 워런 버핏이 최초로 코카콜라에 투자했던 금액인 13억 달러의 절반이 넘어

 펭수야~ 학교 가자! 2

**배당 정책은
기업과 투자자 간의 신호 게임**

배당 정책은 기업과 투자자 간의 신호 게임이기도 하다. 기업이 배당을 늘린다는 것은 "우리 회사의 미래 수익이 안정적이다"라는 메시지를 시장에 보내는 것이다. 반대로 배당을 줄이거나 중단하면 "앞으로 어려워질 수 있다"는 부정적 신호로 받아들여진다. 이런 신호 효과 때문에 기업들은 배당 결정을 매우 신중하게 한다.

요. 매년 투자 원금의 절반 이상을 현금으로 받는 거예요.

이처럼 장기 투자에서 배당은 복리 효과를 만들어내는 강력한 도구가 됩니다. 받은 배당금으로 또 주식을 사면, 그 주식에서도 배당을 받게 되니까요.

배당의 주의점

하지만 배당에도 주의할 점이 있습니다. 우선 우리나라는 배당소득에 대해 15.4%의 세금을 원천징수돈을 주는 사람이 세금을 미리 떼서 대신 내주는 것합니다. 소득세 14%에 지방소득세 1.4%가 더해진 거예요. 만약 100만 원의 배당금을 받으면 실제로는 846,000원이 통장에 입금됩니다.

또한 배당락이라는 현상도 있어요. 여기서 락은 '떨어질 락落' 자인데요, 배당을 지급한 날에는 그만큼 주가가 하락하는 게 일반적이라 만들어진 말이에요.

그리고 기업 실적이 나빠지면 배당금을 줄이거나 아예 주지 않을 수도 있습니다. 2020년 코로나19 때 많은 항공사들이 배당을 중단했던 것처럼 말이죠. (당시 미국의 델타항공, 유나이티드항공 등 세계 유수 항공사들이 모두 배당을 멈췄어요. 승객이 80% 이상 줄어들면서 큰 손실을 입었거든요.) 배당도 결국 기업의 실적에 따라 변하는 것이라, 무조건 안전한 투자는 아닙니다.

배당률과 배당 수익률 : 같은 배당, 다른 관점

66 앞서 배당이 무엇인지 알아봤는데요, 이제 배당을 평가하는 두 가지 중요한 지표평가 기준를 살펴보겠습니다. 바로 배당률과 배당 수익률입니다. 두 단어는 비슷하지만, 전혀 다른 관점에서 배당을 바라봅니다.

배당률 : 기업이 얼마나 나눠 주는가

배당률은 기업이 벌어들인 순이익 중에서 주주들에게 배당금으로 지급하는 비율이에요. 계산하는 방법은 간단합니다.

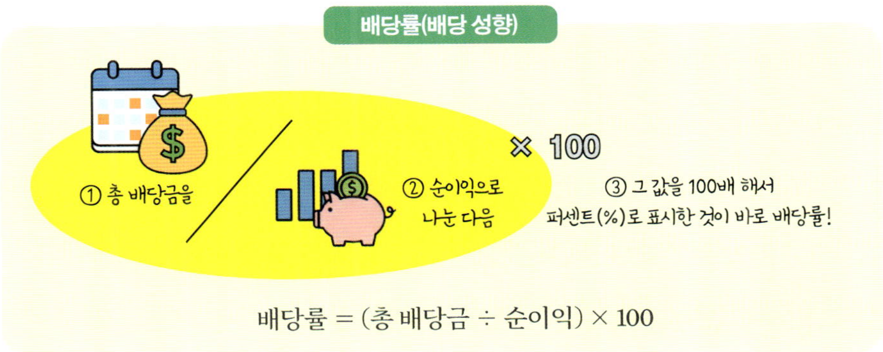

예를 들어, 어떤 기업이 연간 순이익 100억 원을 벌었는데, 이 중 30억 원을 주주들에게 배당으로 지급했다면 배당률은 30%입니다. 이는 기업이 벌어들인 순이익의 30%를 주주들에게 돌려주었다는 의미예요.

이를 배당 성향payout ratio 82페이지 참고 이라고도 부르는데, 기업의 성격을 파악하는 중요한 단서가 돼요. 성장 중인 기술 기업들은 보통 10~30% 정도의 낮은 배당 성향을 보입니다. 마이크로소프트의 경우 2024년 기준 배당 성향이 약 24% 수준이죠. AI와 클라우드 서비스 같은 새로운 배당 성향이란, 기업이 벌어들인 순이익 중에서 현금 배당으로 지급한 금액의 비율을 나타내는 지표이다. 배당률과는 달리, 주가 변동에 영향을 받지 않고 오직 기업의 수익성과 배당 정책을 기준으로 계산된다. 즉, 기업이 한 해 동안 번 돈을 주주들에게 얼마나 나누어주는지를 보여 주는 척도다.

배당 성향을 통해 투자자는 기업의 배당 정책을 이해하고 미래의 배당 가능성을 예측할 수 있다. 일반적으로 배당 성향이 높으면 기업이 주주 환원에 적극적이라고 해석된다.

이처럼 배당 성향은 기업의 재무 건전성과 주주 친화 정책을 동시에 파악할 수 있는 중요한 지표이다.

기술에 계속 투자해야 하기 때문이에요.

흥미롭게도 구글알파벳은 2024년에 처음으로 배당을 시작했는데, 배당 성향이 약 8%로 매우 낮습니다. 아직도 자율주행차, AI 등 미래 기술에 막대한 투자를 하고 있다는 뜻이에요.

반대로 미국의 큰 통신사인 버라이즌 같은 회사는 배당 성향이 약 50% 후반에서 60% 초반에 달합니다. 통신 산업은 이미 성숙한 산업이라, 대규모 투자보다는 주주들에게 안정적으로 이익을 돌려주기를 선택한 거죠.

배당 수익률 : 투자자가 얼마나 돌려받는가

그런데 투자자 입장에서는 다른 숫자가 더 중요해요. 바로 배당 수익률입니다. 배당 수익률은 투자자가 주식을 매수 84페이지 참고 한 가격 대비 1년간 받을 수 있는 배당금의 비율을 나타냅니다.

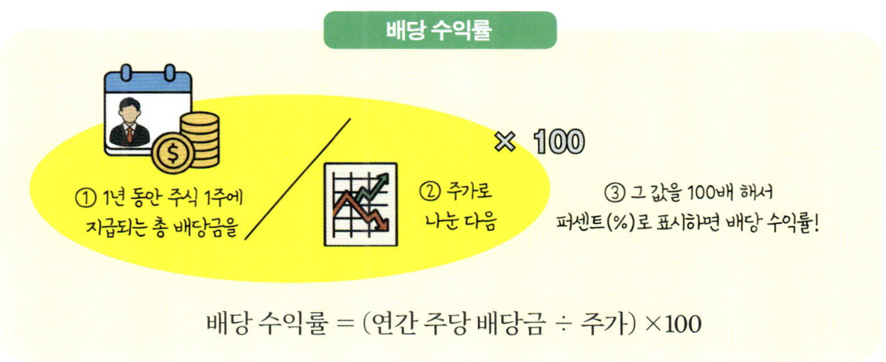

$$배당\ 수익률 = (연간\ 주당\ 배당금 \div 주가) \times 100$$

예를 들어, 마이크로소프트 주식을 500달러에 샀는데 연간 배당금이 3.32달러라면, 배당 수익률은 약 0.66% (3.32 ÷ 500) × 100가 됩니다. 이는 내가 투자한 돈 대비 얼마를 현금으로 돌려받는지를 보여 주는 지표예요. 은행 예금 금리와 직접 비교할 수 있는 수치이기도 하죠.

여기서 재미있는 현상이 일어납니다. 같은 회사인데도 주가에 따라 배당 수익률이 달라지는 거예요.

만약 경제 상황이 나빠져서 마이크로소프트의 주가가 500달러에서 400달러로 떨어졌다고 해 봅시다. 배당금이 여전히 3.32달러라면, 배당 수익률은 0.83%로 올라갑니다. 주가가 떨어졌는데 오히려 배당 매력이 높아진 거죠. 이런 역설적인 상황을 이해하는 것이 투자의 지혜랍니다.

실제로 코로나19 당시 주가가 폭락했을 때, 많은 우량 기업들의 배당 수익률이 일시적으로 크게 올라갔어요. 버라이즌의 경우 주가가 하락하면서, 한때 배당 수익률이 약 6.1%까지 오르기도 했죠.

하지만 이때 주의할 점이 있습니다. 기업 실적이 나빠지면 배당금 자체를 줄일 수 있거든요. 2020년에 많은 항공사들이 배당을 아예 중단했던 것처럼요 80페이지 참고 .

여러분이 미래에 주식 투자를 한다면, 이 두 지표를 함께 봐야 합니다. 배당률이 높은 기업이라도 주가가 너무 비싸면 배당 수익률은 낮을 수 있

매수와 매도

- **매수 : 주식을 사는 것**

  주식 매수를 주문하면, 원하는 가격에 주식을 가진 다른 사람으로부터 주식을 넘겨받게 된다.

- **매도 : 주식을 파는 것**

  매도 과정에서 주식을 팔아 얻는 수익을 '매도 차익'이라고 한다. 매도 주문을 하면, 그 주식을 사고 싶어 하는 다른 사람에게 주식을 넘겨주게 된다.

고, 배당률이 낮아도 주가가 저평가되어 있다면 높은 배당 수익률을 얻을 수 있거든요. 또한 배당률이 100%에 가깝다면, 오히려 위험 신호일 수 있어요. 미래 투자 여력이 없다는 뜻이니까요.

특히 주목할 점은 배당의 지속 가능성입니다. 일시적으로 높은 배당을 주는 것보다, 꾸준히 적절한 수준의 배당을 유지하는 기업이 더 신뢰할 만합니다. 마이크로소프트처럼 20년 넘게 연속으로 배당을 늘려온 기업들이 바로 그런 사례예요. 코카콜라나 존슨앤존슨처럼 60년 넘게 매년 배당금을 늘린 기업들도 있습니다.

예상 수익률과 실제 수익률, 왜 다를까?

  좋아하는 아이돌 그룹의 새 앨범이 나온다고 들었어요. "선주문하면 포토 카드도 주고, 나중에 비싸게 팔 수 있을 거야!"라고 생각하며 5만 원에 한정판을 샀죠. 6개월 뒤 10만 원에 팔 계획이었는데, 실제로는 재발매되면서 3만 원밖에 못 받았다면? 이것이 바로 예상 수익률과 실제 수익률의 차이입니다.

예상 수익률 : 내가 그리는 미래

예상 수익률은 투자하기 전에 "아마 이 정도는 벌겠지?!"하고 계산해 보는 숫자예요. 매년 계속해서 상승해 온 A 주식을 7만 원에 샀다면, "작년에도 10% 올랐으니 올해도 비슷하게 오를 거야. 그럼 77,000원이 되겠네!"라고 예상하는 거죠. 여기에 배당금까지 더하면 예상 수익률이 나옵니다.

하지만 이건 모든 것이 계획대로 될 때의 이야기예요. 마치 시험 전날 "내일 아침 6시에 일어나서 2시간 더 공부하면 90점은 받겠지."라고 계획하는 것과 같죠. 실제로 6시에 일어날 수 있을까요?

실제 수익률 : 현실이 보여 주는 결과

2020년 초, 많은 사람들이 항공사 주식을 샀습니다. 항상 그렇듯 해외여행을 많이 갈 것이라고 생각했거든요. 그런데 코로나19가 발생하여 비행기가 멈출 줄 누가 알았겠어요? 예상 수익률 +30%가 실제로는 -50%가 된 거죠.

실제 수익률이 예상과 달라지는 이유는 우리가 통제할 수 없는 일들이 일어나기 때문입니다. 갑작스러운 전쟁, 자연재해, 기업의 사고, 경제 위기 같은 것들이죠. 2022년 러시아-우크라이나 전쟁으로 전 세계 주식 시장이 흔들렸던 것처럼, 예측할 수 없는 사건들이 투자 결과를 바꿔 놓습니다.

세금도 깜빡하기 쉬운 부분이에요. 주식으로 10% 벌었다고 좋아했는데, 세금 떼고 나면 8%밖에 안 남는 경우가 많죠. 배당금에서도 15.4%의 세금을 내야 하고, 주식을 사고팔 때 수수료도 나갑니다.

그렇다면 어떻게 해야 할까요?

첫째, 너무 큰 기대는 금물입니다. 현실적으로 은행 금리보다 조금 높은 정도를 목표로 하는 게 안전합니다.

둘째, 계란을 한 바구니에 담지 마세요. 제1권에서도 배웠었죠? 한 회사의 주식에 모든 돈을 투자하면 위험합니다. 반면에 여러 회사에 나눠서 투자하면, 하나가 손해 봐도 다른 것으로 만회할 수 있어요.

셋째, 장기적으로 생각하세요. 하루이틀 주가 변동에 일희일비하지 말고, 최소 1년 이상 바라보는 인내심이 필요합니다. 우리나라 코스피 지수도 짧게 보면 오르락내리락하지만, 40년을 보면 100에서 4,000까지 올랐거든요.

투자에 확실한 것은 없다는 걸 항상 기억해야 합니다. 예상은 말 그대로 예상일 뿐, 실제 결과는 다를 수 있어요. 그래서 꾸준히 공부하면서 경험을 쌓아가야 합니다. 투자의 세계는 불확실하지만, 그만큼 배울 것도 많아요. 예상과 다른 결과가 나왔을 때 그 이유를 분석하다 보면, 경제를 보는 눈이 점점 더 밝아질 거예요.

기대와 현실은 얼마나 다를까?

당신은 A 기업의 주식을 샀습니다. 주식은 1주당 1만 원으로, 기업은 "올해 주당 500원을 배당하겠다."고 약속했어요.

예상 1년 뒤 주가가 12,000원이 되고, 배당금 500원을 받으면 ⋯ 예상 수익률은 25%!

현실 ① 주가가 9,000원으로 떨어졌다면? 배당금 500원을 합쳐도, 실제 수익률은 -5%로 손실이 났어요.

현실 ② 주가가 13,000원까지 올랐다면? 배당금까지 합쳐 실제 수익률은 35%로 예상보다 훨씬 더 높아졌어요.

 더 알아볼 것 & 생각해 볼 점

- 예상 수익률만 믿고 투자를 결정하면, 어떤 위험을 놓치게 될까?
- 실제 수익률을 받아들일 때 가장 중요한 태도는 무엇일까?
- 배당처럼 안정적인 수익 vs. 주가 변동 같은 불확실한 수익, 둘 중 어느 쪽에 더 끌리는가?

활동지 작성 TIP 이 사고실험의 목적은 투자에는 언제나 변수가 존재한다는 것, 그리고 기대와 현실의 차이를 인정하는 자세가 필요하다는 점을 아는 데 있습니다. 이외에도 여러 현실을 상상하고, 예상 수익률과 실제 수익률 계산을 직접 해 보며 차이를 눈으로 확인해 보세요. 이때 숫자만 적지 말고, 왜 차이가 났는지 이유도 함께 상상하여 적어보면 좋습니다.

투자하고 싶은 배당주를 찾아서

"오늘은 직접 배당 기업을 찾아서, 내가 받을 수 있는 예상 수익률을 계산해 보자!"

1단계 : 후보군 만들기

국내/해외 종목 : **1** ________________ , **2** ________________

☞ 힌트 : ❶ 인터넷에서 배당 역사가 긴 글로벌 브랜드를 찾아 보세요.

　　　　 ❷ 통신·은행·유틸리티(전력/가스)·필수소비재 섹터 중에서 찾아 보세요..

2단계 : 배당주 확인하기

2-1. 배당 정보 찾기

● 국내 : ❶ 네이버 증권(🔍 종목 검색 → 주당 배당금, 배당 수익률 확인)

　　　　 ❷ KRX 정보데이터시스템(종목 검색 → '배당 수익률'을 확인하거나, 맨 하단의

　　　　　 [PER/PBR/배당수익률 >] 버튼 → 주당 배당금, 배당 수익률 확인)

● 해외 : Yahoo Finance https://finance.yahoo.com (종목 검색 → Forward Dividend &

　　　　 Yield 예상 배당금 및 배당 수익률 확인)

2-2. 내가 찾은 기업의 최근 배당 정보 종합해 보기

1 종목명 : ________________ (종목 코드 또는 티커 : __________)

　　 ● 주당 배당금 　________ 원/달러　　● 배당 수익률 ________ %

　　 ● 최근 연속 배당 연수 　3년 이상 □　　5년 이상 □　　____ 년 □

　　 ● 최근 3년 배당 추이 　증액(⇧) □　　감액(⇩) □　　동결(▭) □

2 종목명 : _________________________ (종목 코드 또는 티커 :___________)

- ● 주당 배당금 _____________ 원/달러   ● 배당 수익률 ________ %
- ● 최근 연속 배당 연수   3년 이상 ☐   5년 이상 ☐   ________ 년 ☐
- ● 최근 3년 배당 추이   증액(⬆) ☐   감액(⬇) ☐   동결(▭) ☐

3단계 : 예상 수익률 계산하기 *(예상 주가 차익 + 배당금) ÷ 투자원금 × 100

1 1주당 현재 주가 _________ 원/달러   예상 주가(내가 기대하는 주가) _________ 원/달러

1주당 예상 배당금 _________ 원/달러   나의 예상 수익률 ___________ %

2 1주당 현재 주가 _________ 원/달러   예상 주가(내가 기대하는 주가) _________ 원/달러

1주당 예상 배당금 _________ 원/달러   나의 예상 수익률 ___________ %

4단계 : 다음 배당일을 기록하고, 그날 실제 수익률 확인해 보기

1 다음 배당일(또는 배당락일)   ______년 ___월 ___일 (이날 실제 수익률 ___ %)

2 다음 배당일(또는 배당락일)   ______년 ___월 ___일 (이날 실제 수익률 ___ %)

CHECK POINT!

☐ 어떤 기준으로 배당 기업을 선택했는지 설명할 수 있는가?

☐ 배당 수익률과 주가 변동을 합쳐 전체 수익률을 계산할 수 있게 되었나?

좋은 기업 찾는 눈을 기르는 법

두 번째 수업

코스피, 코스닥, 나스닥이 뭐예요?

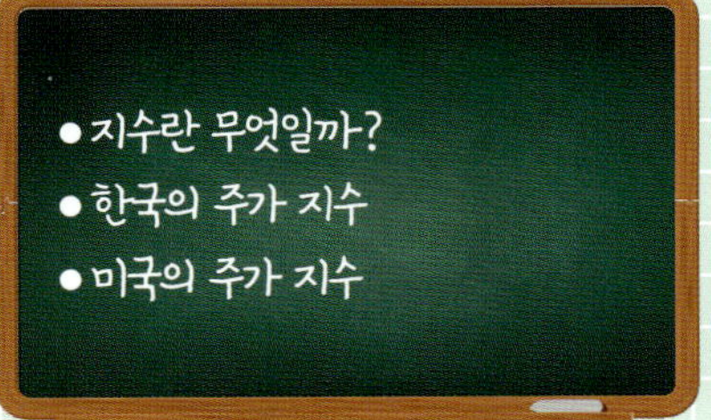

▷ 이번 시간
유튜브 영상 보기

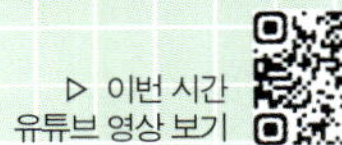

지난 수업이 끝난 후, 주말을 보내고 키움 중학교에 등교한 두 친구! 각자 자리에 앉아 책상을 정리하던 중, 똘비가 펭수에게 물었다.

"선배님, 물 떠 놓고 비는 게 효과가 있나요?"

"글쎄…. 근데 그건 왜?"

"제가요, 탑골공원에 갔는데 할아버지들이 그러시더라고요. 물 떠 놓고 빌면 소원이 이뤄진다고요."

"어르신들 말씀엔 다 일리가 있어." 펭수가 고개를 끄덕이더니, 갑자기 자기 손바닥에 '퉤!' 하고 침을 뱉고는 말했다. "그리고 안 하는 것보다 하는 게 낫지!"

"아니, 침은 왜 뱉어요?"

똘비가 깜짝 놀라서 묻자, 펭수가 당당하게 대답했다.

"빌어야 하는데, 물이 없잖아! 자, 기도하자! 제발 우리 대박 나게 해 주세요!"

"믿습니다, 믿습니다!"

똘비까지 두 팔을 모아 빌기 시작했다.

그때, 교실 문이 열리며 주영 쌤이 들어왔다.

"너희, 무슨 종교의식이라도 하는 거야?"

펭수와 똘비가 벌떡 일어나 인사했다.

"안녕하세요, 쌤!"

쌤은 피식 웃으며 둘에게 다가갔다.

"정말 별걸 다 하네. 근데 바로 어제 본 것 같지 않니?"

"맞아요! 벌써 정이 든 것 같아요."

펭수가 맞장구쳤다.

주영 쌤이 문득 진지하게 덧붙였다.

"사실 내가 너희 초등학교 성적표를 확인해 봤거든."

"성적표요?" 똘비가 눈을 크게 떴다. "몰래 보신 거예요?"

"아니, 대놓고 봤지." 쌤이 장난스럽게 웃었다. "생각보다 잘했더라. 둘 다 1등, 2등을 나란히 했던데?"

"저희 둘밖에 없으니까요."

똘비가 어깨를 으쓱했다.

"그래도 내가 알던 수준이 아니던데? 오늘 보니까 훨씬 더 똑똑해 보여. 그런데 얘들아, 성적표는 학생들만 받는 게 아니야. 기업에도 성적표가 있다는 거 알아?"

"기업 성적표요?"

펭수가 고개를 갸웃했다.

똘비도 물었다.

"근데 누가 성적을 매겨요?"

"상장한 기업들은 재무 성적표를 공개해야 해. 그래야 투자자들이 판단할 수 있거든."

"상장?? 상장도 주나요?"

펭수가 의아하다는 듯 물었다.

"아니, 상 받을 때 받는 그 상장이 아니라, 주식 시장에서 '거래할 수 있는 자격'을 얻는 걸 말해. 종목으로 등록돼야 주식을 사고팔 수 있지."

"아, 그거군요!"

똘비가 손뼉을 쳤다.

<table><tr><td>개념
키움</td></tr></table>

상장

상장은 기업의 주식을 증권 거래소에 등록하여, 누구나 사고팔 수 있게 하는 것을 의미한다. 기업이 성장하고 규모가 커지면 더 큰 자금이 필요해지는데, 이때 주식 시장에 회사의 주식을 공개적으로 내놓아 투자자들에게 자금을 모으는 과정이 바로 상장이다.

상장을 통해 기업은 대규모 자금을 확보하고, 기업의 이름과 가치를 널리 알릴 수 있다. 또한, 투명하고 건전하게 경영을 하고 있다는 것을 보여 주기 때문에 신뢰도가 높아진다. 하지만 상장사가 되려면 엄격한 심사 기준을 통과해야 하고, 상장 후에도 정기적으로 회사 정보를 공개해야 하는 의무가 따른다.

상장의 반대는 **비상장**으로, 비상장 기업은 주식이 시장에 공개되지 않아 일반인들은 주식을 자유롭게 거래하기 어렵다.

"근데 쌤, 우리나라에 상장한 기업은 몇 개나 돼요?"

"꽤 많은데, 맞혀 볼래?"

"업 다운 게임으로 하죠!"

"좋아. 기회는 다섯 번이야!"

펭수와 뚤비가 번갈아 가며 외쳤다.

"천 개!"

"업!"

"만 개!"

"다운!"

"2,500개!"

"업!"

"삼천!"

"다운! 마지막 기회야."

펭수가 눈을 반짝였다.

"남극 출신의 능력을 보여 주지. 2,755개!"

"정답!"

"뭐야, 진짜 맞췄어?"

뚤비가 믿기지 않는 듯 말했다.

지수 : 시장의 온도계

❝ 뉴스에서 "오늘 코스피 지수가 상승했습니다.", "나스닥 지수가 하락 세를 보이고 있습니다."라고 하는데, 대체 지수가 뭘까요?

지수는 여러 개의 숫자를 하나로 합쳐서 보여 주는 대표 점수입니다. 학교 성적에 비유하면 이해하기 쉬워요. 각 과목의 점수를 일일이 말하는 것보다 '평균 몇 점'이라고 하면 한 번에 알 수 있죠. 경제에서도 마찬가지입니다.

한국 주식 시장에는 2,700개가 넘는 기업이 상장되어 있어요.(상장 기업의 숫자는 고정되어 있지 않아요. KRX정보데이터시스템 data.krx.co.kr 에서 '상장 종목 현황'을 확인할 수 있습니다.) 이 모든 기업의 주가를 하나하나 확인하는 건 현실적으로 불가능하죠. 그래서 경제학자들이 대표적인 기업들을 선별해서 그들의 주가 움직임을 하나의 숫자로 만든 것이 바로 '주가 지수'입니다.

하지만 단순한 평균과는 조금 달라요. 삼성전자나 네이버처럼 큰 기업과 작은 벤처기업을 똑같이 취급할 수는 없잖아요? 그래서 대부분의 지수는 기업의 규모_{시가총액 아래 내용 참고} 에 따라 가중치를 주는 '시가총액 가중평균' 방식을 사용합니다. 시험에서 주요 과목의 점수에 더 큰 비중을 두는 것과 비슷하죠. 다우존스 지수는 가격 가중 방식을 사용함.

한국의 지수 : 코스피와 코스닥

코스피 한국 경제의 대표주자들

코스피_{KOSPI, Korea Composite Stock Price Index}는 한국 종합주가 지수로, 우리

개념키움 시가총액

시가총액은 기업의 총 가치를 나타내는 중요한 지표다. 쉽게 말해, 주식 시장에서 회사의 모든 주식을 현재 가격으로 모두 팔았을 때 받을 수 있는 총 금액이다.

시가총액은 아주 간단한 공식으로 계산된다. 바로 '**현재 주가 × 발행된 주식의 총수**'다. 예를 들어, 어떤 회사의 주가가 1만 원이고, 발행된 주식의 수가 1,000만 주라면, 이 회사의 시가총액은 1,000억 원이 된다.

그렇다면 시가총액이 중요한 이유는 무엇일까? 우선, 기업의 규모를 측정할 수 있기 때문이다. 시가총액이 크다는 것은 그 기업이 시장에서 차지하는 비중이 크다는 뜻이다. 또한, 시가총액은 투자 판단의 기준이 되기도 한다. 일반적으로 시가총액이 큰 기업은 안정적이고, 작은 기업은 성장 가능성이 높지만 변동성도 크다고 여겨진다. ●

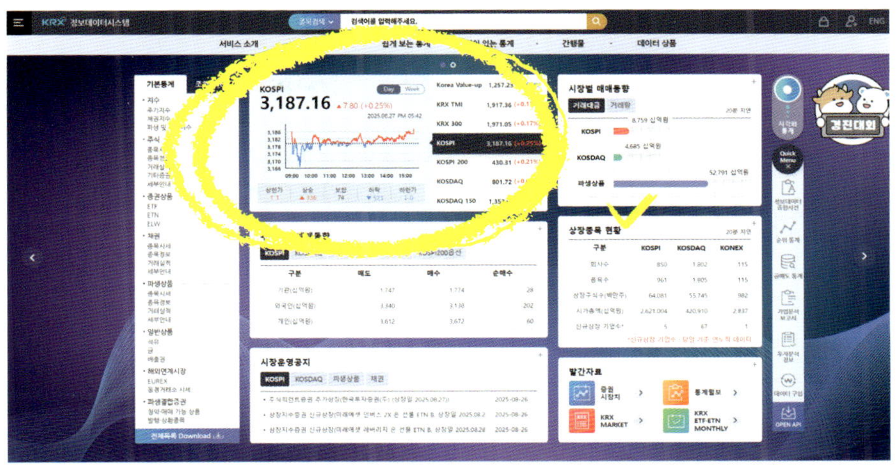

KRX(한국거래소)정보데이터시스템 홈페이지 data.krx.co.kr
첫 화면에서 우리나라의 주가 지수들, 상장된 종목 수 등을 실시간으로 확인할 수 있다.

나라 주식 시장과 경제의 건강 상태를 보여 주는 대표적인 지표 중 하나입니다. 1980년 1월 4일을 기준점 100으로 설정해서 시작되었는데, 현재 4,000포인트 내외이므로 지난 40여 년간 한국 경제가 40배 정도 성장했음을 의미해요.

코스피에는 삼성전자, SK하이닉스, 현대차, LG에너지솔루션, 삼성바이오로직스 등 한국을 대표하는 대기업들이 포함되어 있어요.

코스피의 움직임을 보면 한국 경제의 전반적인 흐름을 파악할 수 있습니다. 예를 들어, 2020년 코로나19 초기에 코스피가 1,439.43포인트까지 급락했다가 이후 경기 회복 기대감과 반도체 호황으로 3,000포인트대까지 상승한 것은 한국 경제의 변화를 잘 보여 주는 사례예요.

흥미로운 점은 코스피가 해외 투자자들의 한국 경제에 대한 신뢰를 반영한다는 거예요. 외국인 투자자들이 한국 주식을 많이 사면 코스피가 오르고, 반대로 팔면 내려가거든요. 그래서 코스피는 국내 경제 상황만이 아니라 한국에 대한 국제적 평가까지 담고 있습니다.

코스닥 혁신 기업들의 성장 무대

코스닥KOSDAQ, Korea Securities Dealers Automated Quotation은 중소기업과 벤처기업 중심의 주식 시장이에요. 1996년에 개설되어 코스피보다 역사는 짧지만, 한국의 미래 성장 동력을 대표하는 중요한 지수입니다.

코스닥에는 IT와 게임, 바이오, 이차전지 관련 기업들이 많이 상장되어 있어요. 이런 기업들은 전통적인 제조업과 달리 기술력과 아이디어로 승부하는 특징이 있죠.

코스닥의 특징은 변동성이 크다는 것입니다. 좋은 뉴스가 나오면 크게 급등하기도 하지만, 나쁜 소식에는 가파르게 급락하기도 해요. 이런 높은 변동성은 코스닥 기업들의 특성과 관련이 있습니다. 대부분이 성장 초기 단계에 있어서 미래에 대한 기대나 우려에 민감하게 반응하거든요.

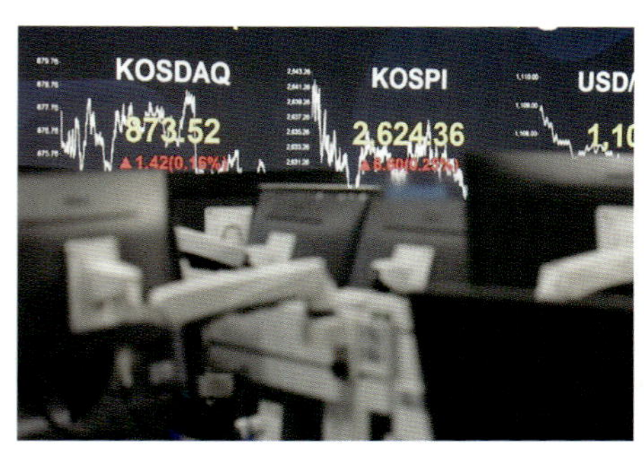

코스피 지수와 코스닥 지수가 표시된 전광판.
(출처 : bada.kbs.co.kr)

미국의 지수 : 나스닥, 다우존스와 S&P 500

나스닥 세계 기술혁신의 심장

나스닥NASDAQ, National Association of Securities Dealers Automated Quotations은 미국의 대표적인 주식 시장으로, 전 세계 기술 기업들의 중심이라고 할 수 있습니다. 1971년에 개설된 나스닥은 세계 최초로 전자 거래 시스템을 도입한 혁신적인 시장이에요.

나스닥의 가장 큰 특징은 애플, 마이크로소프트, 구글알파벳, 아마존, 테슬라, 메타 플랫폼스, 넷플릭스 같은 글로벌 기술 거대기업들이 집중되어 있다는 점입니다. 이들 기업의 시가총액은 각각 수백조 원에서 수천조 원에 달해, 개별 기업 하나하나가 한국 전체 증시증권 시장와 맞먹을 정도죠.

나스닥 지수의 움직임은 전 세계 기술 산업의 흐름을 보여줍니다. AI, 클라우드, 전기차, 메타버스 같은 새로운 기술 트렌드가 나스닥 기업들을 중심으로 만들어지고 있거든요. 그래서 나스닥이 오르면 전 세계

2013년 11월, 마이크로소프트 팀이 엑스박스 원Xbox One 게임 콘솔 출시를 기념하여 나스닥 개장 종을 울리는 모습.
(출처 : 위키피디아 ⓒGuywelch2000)

적으로 기술주에 대한 관심이 높아지고, 나스닥이 떨어지면 기술 기업들에 대한 우려가 커지죠.

다우존스 미국 경제의 전통적 척도

다우존스 산업평균지수Dow Jones Industrial Average는 1896년에 만들어진 가장 오래된 주가 지수 중 하나입니다. 찰스 다우라는 사람이 만들어서 다우존스라는 이름이 붙었어요.

다우존스의 독특한 점은 단 30개의 기업으로만 구성되어 있다는 거에요. 하지만 이 30개 기업들은 모두 미국을 대표하는 초우량 기업들이에요. 애플, 마이크로소프트, 보잉, 코카콜라, 디즈니, 골드만삭스, 맥도날드, 나이키 등 이름만 들어도 알 수 있는 기업들이죠.

따라서 뉴스에서 다우존스 지수가 올랐다고 하면, 미국 경제의 안정성에 긍정적인 신호라고 해석할 수 있어요.

S&P 500 미국 경제의 종합 성적표

S&P 500 지수Standard & Poor's 500는 미국의 대표적인 500개 기업으로 구성된 지수로, 미국 경제 전체를 가장 잘 반영하는 지표로 여겨집니다. '스탠더드 앤드 푸어스'라는 신용평가 회사에서 만들어서 이런 이름이 붙었어요.

S&P 500의 장점은 범위가 넓다는 거예요. 30개 기업만 포함하는 다우 존스나 기술 기업 중심인 나스닥과 달리, 500개의 다양한 기업들을 포함하고 있어서 미국 경제의 여러 측면을 골고루 반영해요. 기술, 금융, 헬스케어, 소비재, 에너지, 통신 등 모든 주요 산업이 포함되어 있죠.

뉴욕 맨하탄에 위치한 스탠더드 앤드 푸어스 본사.
(출처 : 위키피디아 ⓒB64)

그래서 많은 투자자들이 미국 시장에 투자할 때 S&P 500을 기준으로 삼아요. 실제로 워런 버핏 같은 투자의 귀재들도 일반 투자자들에게는 S&P 500 지수에 투자하는 걸 추천하곤 합니다. 제1권 219페이지 참고

이제 뉴스에서 "코스피 상승"이라는 소식을 들으면 "한국 대기업들의 실적이 좋아지고 있구나." 하고 이해할 수 있을 거예요. 그리고 "나스닥 급등"이라는 뉴스를 보면 "전 세계 기술 기업들에 대한 기대감이 커지고 있구나."라고 해석할 수 있겠죠.

지수가 없다면, 시장은 어떻게 보일까?

주가 지수라는 게 아예 없다면 어떨까요? 코스피도, 코스닥도, 나스닥도 전혀 존재하지 않는다면, 어떤 일이 벌어질까요?

○월 ○일의 주식 상황

A 화장품 -3% 하락,
B 전자 +1% 상승, C 엔터 +2% 상승
(나머지 기업들도 제각각)

상황 ❶ 투자자들의 대화

투자자 1 : "시장이 좋네! 내 주식이 다 올랐어!"

투자자 2 : "무슨 소리야? 내 주식은 다 떨어졌는데?"

투자자 3 : "도대체 시장이 좋은 거야, 나쁜 거야?"

상황 ❷ 앵커의 고민 "음, B 전자와 C 엔터는 올랐고, A 화장품은 떨어졌고…. 결론적으로 오늘 시장이 좋았던 건지 나빴던 건지?! 2,700여 개 기업을 다 확인해 봐야 하는 건가?"

 ## 더 알아볼 것 & 생각해 볼 점

● 상장된 개별 기업들의 주가만 보고 전체 시장을 판단할 수 있을까?

● 투자할 때, 시장 전체 흐름을 모른다면 어떤 어려움이 있을까?

활동지 작성 TIP 이 사고실험은 주가 지수가 시장의 방향과 분위기를 알려주는 중요한 지표임을 깨닫는 데 목적이 있습니다. 지수가 없다면, 경제 상황을 파악하기 어렵고, 투자 기준점이 사라지며, 언론 보도에도 혼란이 올 것이라는 데 초점을 맞춰서 여러 가지 문제 상황을 상상해 보세요.

오늘의 주가 지수를 알아 보자

"제 주식이 오르고 내리는 건 알겠는데, 시장 전체를 봐야 한다고요?"
"그럼, 지수는 시장 전체의 체온을 재는 온도계 같은 거야.
동네 전체를 봐야 내 위치를 제대로 알 수 있듯이,
시장의 큰 흐름을 읽어야 내 투자도 방향을 잃지 않을 수 있어."

1단계. 오늘의 주가 지수 확인하기

내가 조사할 지수 : □ 코스피   □ 코스닥   □ 나스닥   □ 다우존스   □ S&P 500

- 오늘 지수 ______________pt (년   월   일)
- 전일 대비 변동 ______________pt (____________%)

2단계. 지수 들여다보기

1 오늘 지수 변동(상승 또는 하락)에 가장 큰 영향을 준 기업 1~2개

- ________________________________
- ________________________________
- ________________________________

2 해당 기업의 주가 변동 이유(뉴스·기사 참고)

- ____
- ____

3단계. 지수 흐름으로 시장 상황을 해석하기

● 오늘의 지수 상황을 한 마디로 표현하면?

"오늘 시장은 ＿＿＿＿＿＿＿＿＿＿＿＿＿＿＿＿＿＿＿＿＿＿ (이)다."

● 지수 움직임이 투자자들에게 어떤 메시지를 줄까?

(예: "기술주는 힘들지만, 전통산업은 괜찮다" 등)

＿＿＿＿＿＿＿＿＿＿＿＿＿＿＿＿＿＿＿＿＿＿＿＿＿＿＿＿＿＿＿＿＿

＿＿＿＿＿＿＿＿＿＿＿＿＿＿＿＿＿＿＿＿＿＿＿＿＿＿＿＿＿＿＿＿＿

＿＿＿＿＿＿＿＿＿＿＿＿＿＿＿＿＿＿＿＿＿＿＿＿＿＿＿＿＿＿＿＿＿

4단계. 앞으로의 투자 전략 세우기

1 지수 흐름을 보고, 관심을 가질 만하다고 생각한 업종/종목은?

● ＿＿＿＿＿＿＿＿＿＿＿＿＿＿＿   ● ＿＿＿＿＿＿＿＿＿＿＿＿＿＿＿

2 만약 내가 100만 원을 투자할 수 있다면, 어떤 비중으로 배분할까?

● 안전 자산(예금/채권)　　＿＿＿＿＿＿＿ 만 원

● 성장주(기술·벤처 등)　　＿＿＿＿＿＿＿ 만 원

● 배당주(안정적 현금 흐름)　＿＿＿＿＿＿＿ 만 원

CHECK POINT!

☐ 지수를 기록하는 데만 그치지 않고, 상승/하락 이유를 분석했는가?

☐ 내가 세운 투자 전략은 시장이 주는 메시지와 어떤 연관성이 있는가?

☐ 내 전략을 한 문장의 투자 철학으로 설명한다면?

어질어질 현장 학습!
기업 분석 체험

▷ 이번 시간
유튜브 영상 보기

"지금까지 이야기했듯, 코스피에는 탄탄한 대기업이 많고, 코스닥에는 성장 가능성이 높은 기업들이 많아."

쌤이 칠판에 '코스피'와 '코스닥', 두 단어를 나란히 적으며 말했다.

"하지만 중요한 건 단순히 '크다', '작다'가 아니라 그 기업이 정말 가치 있는 회사인가 아닌가야. 그걸 알려주는 게 바로 기업의 성적표, 즉 재무제표지."

"오~, 그거 재밌을 것 같아요."

펭수가 눈을 반짝였다.

"그 가치는 성적표에 다 쓰여 있는 거예요?"

똘비가 고개를 갸웃했다.

"맞아. 재무제표에는 기업의 건강 상태가 고스란히 드러나. 예를 들어 볼까?"

주영 쌤이 잠시 말을 멈추고, 의미심장한 미소를 지었다.

"5년 동안 운영해서 10억을 벌었다는 빵집이 있어."

"10억이요? 와~, 완전 맛집이겠는데요!"

펭수가 감탄했다.

"진짜 맛있겠어요. 현장 학습 가면 안 돼요?"

똘비가 두 손을 모았다.

둘의 모습을 보며 쌤이 싱긋 웃더니, 말했다.

“좋아. 말 나온 김에 직접 가 보자.”

“신난다~!”

두 새는 동시에 환호성을 질렀다.

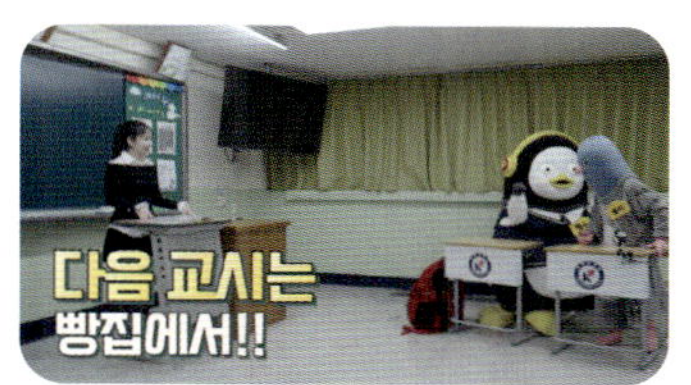

* * *

“선생님, 여기 맞아요?”

교실 대신 찾아간 동네 빵집. 고소한 향기가 코끝을 간질였다.

“맞아, 바로 이 가게야.” 쌤이 반갑게 고개를 끄덕였다. “이 빵집이 5년
간 10억을 벌어 화제라더라.”

“우와, 냄새부터 다르다!”

펭수가 눈을 반짝이며 감탄했다.

“선생님 먼저 드세요! 어른 먼저!”

“아니야, 같이 먹자.”

“감사합니다!”

똘비는 허겁지겁 빵을 집어 들더니 한입 베어 물었다.

“야, 야! 진정해!”

펭수가 말렸지만, 이미 늦었다.

“이건 똘비 거니까 다 먹어도 돼.”

주영 쌤이 인자한 미소를 짓자, 똘비는 의기양양하게 외쳤다.

"다 제 빵이에요!"

"그럼, 이제 본론으로 가볼까?"

쌤이 웃음을 거두고 진지하게 물었다.

"지금 똘비가 먹은 빵이 3천 원짜리야. 하루에 몇 개나 팔릴 것 같아?"

"음…, 100개?"

"오~, 똘비가 바로 맞췄어! 정답! 그럼 하루에 얼마를 파는 걸까?"

"100개면 300만 원이죠!"

펭수가 자신 있게 말했다.

"어? 잠깐만…." 쌤이 눈썹을 치켜올렸다.

"3,000원짜리 100개면 30만 원이지."

"아, 그렇구나."

멋쩍게 웃는 펭수를 토닥이며 쌤이 말했다.

"그래서 하루 매출은 약 30만 원, 한 달로 따지면 900만 원 정도야."

"근데 이게 전부 이익일까?" 쌤은 고개를 저었다. "빵을 만들려면 밀가루, 설탕, 버터 같은 재료비가 들어가지."

쌤의 말이 끝나기 무섭게 똘비가 손을 번쩍 들고 말했다.

"맞아요! 바닐라 익스트랙, 이스트, 소금까지! 완벽하죠?"

"똘비, 왜 이렇게 잘 알아?"

"제가 빵 전문가예요."

똘비가 뿌듯하게 말했다.

"좋아, 재료비 말고 또 뭐가 있을까?"

"인건비요! 아르바이트!"

"그리고 가게 임대료요!"

펭수도 손을 높이 들었다.

"정답! 그런 걸 비용이라고 해. 이 빵집의 경우, 다 합치면 월 비용이 약 810만 원 정도래."

선생님이 종이를 꺼내 '매출 900만 원 − 비용 810만 원 = 이익 90만 원'을 적었다.

"그럼 남는 돈, 즉 이익은 얼마?"

"90만 원이요!"

두 새가 동시에 외쳤다.

"그게 바로 이 빵집의 한 달 이익이야."

펭수가 고개를 갸웃했다.

"그런데, 사장님 월급도 여기서 나가잖아요?"

"그렇지. 게다가 더 좋은 빵 맛을 내기 위해 독일에서 제빵 기계를 수
입하셨다더라. 그건 또 다른 투자 비용이
되는 거야."

똘비가 눈을 크게 떴다.

"그럼 90만 원도 사장님이 다 가져가는
게 아니네요!"

"맞아. 기업은 이렇게 벌고 쓰고 남기고
다시 투자하는 과정을 반복하면서 사업을 운영해."

"이게 바로 기업의 성적표, 즉 재무제표야."

쌤이 지금까지 종이에 적은 것들을 보여 주며
말했다.

"얼마를 벌고, 얼마를 쓰고, 얼마나 남았는지
가 다 기록돼 있지. 그래서 기업의 가치를 판단할 때, 바로 이 재무제표를
보는 거야."

펭수가 감탄했다.

“많이 벌고, 적당히 쓰고, 잘 남기는 회사가 좋은 회사네요!”

“잘 이해했어. 하지만 이익이 많다고 다 좋은 건 아니야. 부채가 많거나 투자가 불안정하면 위험해.”

쌤의 말에 똘비가 고개를 끄덕였다.

“결국 균형이 중요하네요. 이익도, 투자도, 부채도.”

“맞아.” 쌤이 자리를 정리하며 말했다. “이제 빵도 다 먹었으니 교실로 돌아가서 이 빵집의 재무제표를 직접 만들어 보자.”

“교실로요?”

펭수가 인상을 찌푸렸다.

“가야지. 아직 수업 안 끝났거든.”

“그럼 일단 먹고요!”

똘비가 황급히 남은 빵을 한입 더 베어 물었다.

“좋아, 다 먹고 가자. 하지만 교실에 가기 싫어서 더 먹는 건 안 돼!”

주영 쌤은 못 이기겠다는 듯, 피식 웃고 말았다.

기업의 성적표 읽기: 매출, 비용, 이익의 비밀

66 좋아하는 브랜드 회사의 주식을 사고 싶다고 해 봅시다. 그런데 그 회사가 정말 돈을 잘 벌고 있는지, 앞으로도 계속 성장할 수 있는지 어떻게 알 수 있을까요?

바로 기업의 재무 삼총사인 '매출, 비용, 이익'을 보면 답을 찾을 수 있어요. 이 세 가지는 성적표처럼 그 회사의 건강 상태와 능력을 한눈에 드러내는 핵심 지표들이에요. 단순해 보이지만, 이 안에는 기업의 모든 비즈니스 활동이 숨어 있답니다.

매출 : 회사가 번 돈 전체

매출은 회사가 벌어들인 돈의 총액입니다. 쉽게 말해 '판매액'이죠. 만약 1개당 1만 원짜리 키링을 만들어 하루 동안 5개를 팔았다면, 5만 원이 '일 매출'인 셈이에요. 한 달 동안 20개를 팔았다면, 20만 원이 '월 매출'인 거죠. 아르바이트로 노동력을 제공하여 번 돈도 매출이라고 표현할 수 있습니다.

키링을 팔고, 아르바이트를 하고, 부모님 심부름을 해서 용돈도 받았다면 그 모든 돈을 합한 금액을 '총매출'이라 합니다.

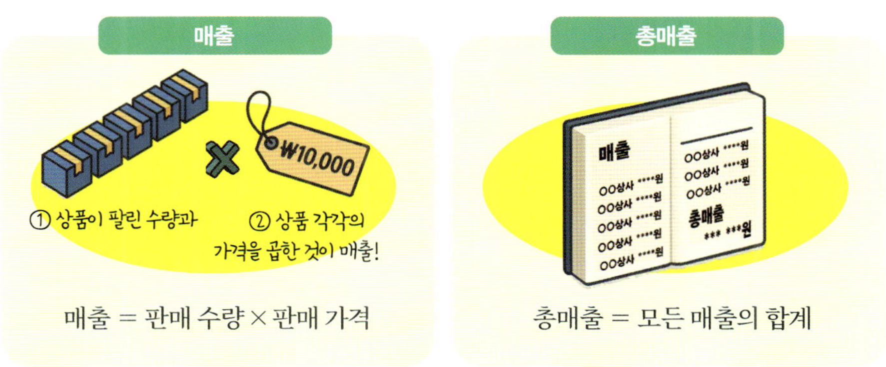

기업도 마찬가지로 상품이나 서비스를 팔아서 얻는 모든 수입이 매출이 됩니다.

JYP 엔터테인먼트를 예로 들어 볼까요? 스트레이키즈가 장당 2만 원인 앨범 100만 장을 팔았다면, 앨범 매출만 200억 원입니다. 여기에 콘서트 티켓과 굿즈 판매, 음원 스트리밍 수익, 유튜브 광고 수익, 라이선스 수익 등 다양한 매출을 모두 합하면 총매출은 훨씬 커지겠죠. 실제로 2024년 JYP의 매출은 무려 6,018억 원을 기록해 역대 최대 실적을 달성했어요.

매출이 크다는 건 그만큼 많은 팬들이 돈을 쓰고 있다는 뜻이에요. 하지만 매출의 절대적인 크기보다 더 중요한 건 '매출 성장률'입니다. 작년에 비해 매출이 얼마나 늘었는지를 보면 그 회사의 성장 가능성을 예측할 수 있거든요.

만약 A 회사가 매출 1,000억 원에서 1,100억 원으로 10% 성장했고, B 회사가 매출 100억 원에서 130억 원으로 30% 성장했다면? 절대적인 크기는 A 회사가 크지만, 성장성은 B회사가 더 좋다고 볼 수 있어요.

매출만으로는 부족한 이유

하지만 매출이 크다고 무조건 좋은 회사는 아니에요. 매출은 회사에 '들어온 돈'의 총액일 뿐, '남은 돈'이 아니기 때문이죠. 매출 1조 원인 회사라도, 비용이 1조 1천억 원이라면 오히려 1천억 원의 손실을 본 거예요. 매출은 크지만, 적자인 회사가 된 거죠.

실제로 많은 초기 기업들이 이런 함정에 빠지곤 해요. 빠른 성장을 위해 매출을 늘리는 데만 집중하다가, 결국 이익을 내지 못하는 거예요. 물론 이게 항상 나쁜 것만은 아니에요. 아마존이나 쿠팡 같은 회사들도 처음 시작했을 때는 몇 년 동안 계속 적자였어요. "지금은 손해를 보더라도, 나중에 더 큰 이익을 낼 수 있을 거야."라는 전략을 선택했던 거예요. 하지만 이런 적자 상태가 오래 계속되면 회사가 위험해질 수 있습니다.

비용 : 돈을 벌기 위해 쓴 돈

비용은 매출을 만들어내기 위해 사용한 모든 돈을 말합니다.

아이돌을 키우려면 정말 많은 돈이 들어가요. 연습생 발굴부터 훈련비, 앨범 제작비, 뮤직비디오 촬영비, 의상비, 헤어메이크업비, 월드투어 비용, 매니저와 직원들 월급, 사무실 임대료까지…. 이 모든 것들이 비용이에요.

카페를 예로 들어 볼까요. 아메리카노 한 잔을 5,000원에 팔았어요매출. 하지만 커피콩 구입비, 매장 임대료, 바리스타 월급, 컵과 빨대 값, 전기료, 광고비를 다 합치면 잔당 3,500원이 들었죠비용. 겉으로 보기에는 5,000원을 벌었지만, 실제로는 1,500원만 남은 겁니다.

비용의 종류 : 고정 비용 vs 변동 비용

비용은 크게 두 가지로 나뉘어요. '고정 비용'과 '변동 비용'이에요.

고정 비용은 매출이 늘어나거나 줄어도 변하지 않는 비용입니다. 사무실 임대료, 직원 월급, 보험료 같은 것들이죠. 카페를 운영한다면 커피를 한 잔 팔든 백 잔 팔든, 임대료는 똑같이 나가잖아요.

변동 비용은 매출에 비례해서 변하는 비용이에요. 커피를 많이 팔수록 커피콩 값, 포장재비, 배송비 같은 원료비도 많이 들어가게 되죠.

이 구분이 중요한 이유는 생산량이 늘어날 때 비용이 어떻게 변하는지 예측할 수 있기 때문입니다. 특히 고정 비용은 얼마를 만들든 관계없이 일정하기 때문에, 많이 만들수록 물건 하나당 부담하는 고정 비용이 줄어들어요.

월세로 100만 원을 내는 가게가 있다고 해 볼게요. 디저트 1,000개를 만들어서 팔았다면, 디저트 한 개당 월세 부담은 1,000원입니다. 하지만 디저트 10,000개를 만들어서 다 팔았다면, 하나당 월세 100원만 부담하면 됩니다. 변동 비용밀가루, 우유, 설탕 등은 늘어나지만 고정 비용월세은 그대로니까요. 이처럼 많이 생산할수록 물건 하나당 고정 비용 부담이 줄어들어서 가격이 저렴해지는 효과를 '규모의 경제'라고 부릅니다.

이익 : 진짜 남은 돈

매출에서 비용을 빼면 이익이 나옵니다. 이게 회사가 진짜로 번 돈이에요.

카페가 하루에 커피를 100잔 팔아서 50만 원 매출을 올렸는데, 비용이 35만 원이었다면? 이익은 15만 원입니다. 이 돈으로 새로운 매장을 열거나, 신메뉴를 개발하거나, 주주들에게 배당금을 줄 수 있어요.

이익은 단순히 '남은 돈'이 아니라 미래를 위한 투자 자금이 됩니다. 회사가 계속 성장하려면 새로운 기술 개발, 시설 확장, 인재 채용 등에 돈을 써야 하는데, 그 자금의 원천이 바로 이익이거든요.

이익률 효율성의 척도

절대적인 이익 금액보다 더 중요한 것은 이익률이에요. 이익률은 매출 대비 이익의 비율을 말합니다. 매출 100억 원에 이익 10억 원이면 이익률은 10%죠.

이익률이 높다는 것은 그 회사가 독특한 경쟁력을 가지고 있다는 뜻이에요. 애플이 스마트폰 시장에서 높은 이익률을 유지하는 것은 브랜드 파워와 기술력 때문이고, 구글이 광고 사업에서 높은 이익률을 내는 것은 독점적 플랫폼을 가지고 있기 때문이죠.

또 다른 예를 볼까요. 대형마트는 이익률이 2~3%로 낮지만 거래량이 많아서 수익을 내고, 명품 브랜드는 이익률이 30% 이상으로 높아서 적은 판매량으로도 큰 수익을 내죠. 명품 브랜드는 강력한 브랜드 경쟁력이 있기 때문에 높은 이익률을 보이는 것이고요.

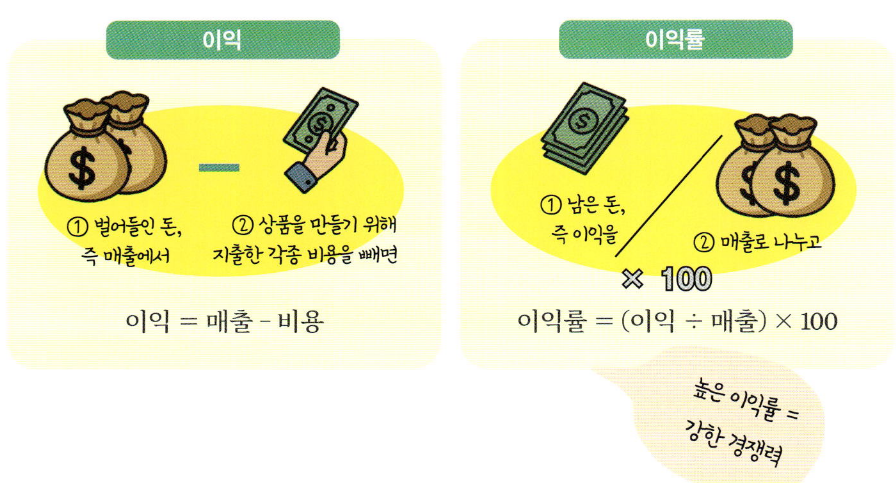

다양한 이익의 종류

이익은 여러 단계로 나누어서 봅니다.

가장 기본적인 것이 '매출총이익'이에요. 이는 매출에서 직접적인 제조비용매출원가만 뺀 것입니다.

그다음이 '영업이익'으로, 매출총이익에서 판매비와 관리비인건비, 광고비, 임대료 등를 뺀 것입니다. 이는 회사의 본업에서 얼마나 이익을 내는지 드러내는 지표예요.

마지막으로 '순이익'이 있어요. 이는 영업이익에서 영업외손익_{이자} 수익, 이자 비용 등과 세금 등을 모두 반영한 최종 이익입니다. 이 중 일부는 배당금으로 주주들에게 돌아가고, 나머지는 회사에 재투자됩니다. 결국 회사의 진짜 가치는 이 순이익을 얼마나 꾸준히 만들어내느냐에 달려 있어요.

기업의 건강 상태 들여다보기 : 자산, 부채, 자본

  용돈을 관리하는데 '내 통장에 모은 돈이 10만 원, 친구한테 빌린 돈이 5만 원'이라면 어떨까요? 아직은 괜찮아 보이죠. 하지만 만약 '모은 돈은 3만 원인데 빌린 돈이 15만 원'이라면? 갚을 수 있을지 걱정이 될 거예요.

기업도 똑같습니다. 아무리 매출이 좋고 이익을 많이 내는 회사라도, 빚이 너무 많으면 위험해질 수 있어요. 기업의 재무적 건강 상태를 알려 주는 세 가지 핵심 개념인 '자산, 부채, 자본'을 알아보겠습니다.

자산 : 기업이 가진 모든 보물들

자산은 기업이 소유하고 있는 모든 경제적 가치입니다. 여러분 개인으로 치면 현금, 통장 잔고, 스마트폰, 자전거, 옷, 책 등이 모두 자산이죠. 기업도 마찬가지로 현금은 물론이고 건물, 기계, 재고, 심지어 브랜드 가치나 특허권까지도 자산에 포함돼요.

흥미로운 점은 자산 중에는 눈에 보이지 않는 것들도 많다는 거예요. 구글의 검색 알고리즘, 코카콜라의 비밀 레시피, 디즈니의 캐릭터 저작권 같은 것들이죠. 이런 것들을 '무형자산' _{아래 내용 참고} 이라고 하는데, 때로는 건물이나 기계보다 더 가치가 클 수도 있답니다.

개념 키움

무형자산과 지적재산 : 현대 기업의 핵심 가치

무형자산은 손으로 만질 수 없지만 돈이 되는 재산이다. 공장이나 건물처럼 눈에 보이는 것은 아니지만, 회사에 큰 도움이 되는 것들을 말한다. 예를 들어, 회사가 가진 특허, 유명한 브랜드 이름, 컴퓨터 프로그램, 고객 명단, 특별한 기술 등이 모두 무형자산이다.

무형자산의 한 종류인 **지적재산**은 인간의 지적 창작활동으로 만들어진 것만을 말한다. 창의적인 아이디어나 발명 등이 여기 속하며, 법으로 보호받는 재산이다. 대표적인 지적재산인 **특허**는 새로운 기술이나 발명품을 보호하고, **상표**는 회사의 로고나 이름을 지키며, **저작권**은 음악, 책, 영화 같은 창작물을 보호한다. 나이키의 로고, 코카콜라의 비밀 레시피, 삼성의 스마트폰 기술처럼 지적재산은 회사의 중요한 경쟁력이다.

한 가지 알아둘 점은, 지적재산은 법적으로 등록하고 보호받을 수 있는 창작물이지만, 모든 무형자산이 법적 보호를 받는 것은 아니라는 것이다. 예를 들어, 스타벅스의 브랜드는 상표권으로 보호받지만_{지적재산}, 스타벅스가 쌓아온 고객 충성도는 법으로 보호받을 수 없는 무형자산이다.

요즘 기업들의 가치는 공장이나 기계보다 이런 무형자산에서 더 많이 나온다. 특히 게임회사, 제약회사, IT기업에서는 회사 가치의 대부분이 눈에 보이지 않는 무형자산이다. 앞으로는 좋은 아이디어와 기술을 잘 보호하고 활용하는 것이 성공의 열쇠가 될 것이다.

부채 : 언젠가는 갚아야 할 숙제

부채는 남에게 빌린 돈이나 아직 지급하지 않은 대금 등, 언젠가는 갚아야 할 재무적인 의무예요. 개인으로 치면 학자금 대출, 신용카드 사용 금액, 친구에게 빌린 돈 등이 모두 부채죠.

더구나 개인에 비해 기업은 훨씬 다양한 방법으로 돈을 빌립니다.

테슬라가 기가팩토리를 지을 때, 테슬라의 어마어마한 공장, 기가팩토리가 궁금하다면 《10대를 위한 글로벌 빅테크 수업》을 참고하세요! 공장 하나 짓는 데 수조 원이 필요했어요. 일론 머스크가 아무리 부자라도 혼자서는 그 돈을 다 낼 수 없었죠. 그래서 은행에서 대출을 받고, 회사채를 발행해서 투자자들에게 돈을 빌렸습니다. 그리고 이게 다 테슬라의 부채가 되었죠.

기업의 부채에는 좋은 부채와 나쁜 부채가 있습니다.

좋은 부채는 미래 수익을 창출하기 위한 투자성 부채입니다. 아마존이 물류센터를 짓기 위해 빌린 돈, 삼성전자가 반도체 공장 증설을 위해 받은 대출 같은 것들이죠. 이런 부채는 장기적으로 더 많은 수익을 가져다주기 때문에 '생산적 부채'라고도 해요.

나쁜 부채는 이미 발생한 손실을 메우거나 당장의 자금난을 해결하기 위해 빌린 돈입니다. 적자를 메우기 위해 빌린 돈이나 만기가 돌아온 빚을 갚기 위해 또다시 빌린 돈 같은 것들이죠. '빚으로 빚을 갚는' 상황이 되면 매우 위험하다는 신호예요.

적절한 부채는 기업이 더 빨리 성장하도록 도와주는 '레버리지_{지렛대}' 역할을 합니다. 100억 원으로 할 수 있는 사업을 200억 원 빌려서 300억 원 규모로 키우면, 성공했을 때 수익이 훨씬 커지는 거죠. 물론 실패하면 빚더미에 앉게 되지만요.

이처럼 부채가 다 나쁜 건 아니지만, 그럼에도 너무 많으면 위험해요. 특히 이자율이 오르는 시기에는 더욱 그런데요. 2022년부터 전 세계적으로 금리가 오르면서 부채가 많은 기업들이 어려움을 겪고 있습니다. 이전에는 낮은 이자로 빌릴 수 있었는데, 갑자기 금리가 올라서 갚아야 할 이자 금액이 커진 때문이죠. 이런 상황을 두고 "이자 부담이 증가했다"라고 표현합니다.

그래서 투자자들은 부채비율_{부채가 자본의 몇 배인지}을 보고 기업의 안정성을 판단합니다. 보통 부채비율이 200%를 넘으면 위험하다고 봐요.

<h1 style="text-align:center">자본 : 주주들의 돈</h1>

자본은 '자산 - 부채'로 계산합니다. 진짜 주인인 주주들의 몫이에요. 쉽게 말해 주주들이 투자한 돈과 회사가 벌어서 쌓아둔 이익을 합친 것입니다.

여러분이 친구들과 떡볶이 가게를 차렸다고 해 봅시다. 가게 차리는 데 1,000만 원이 들었는데자산, 300만 원은 부모님께 빌렸고부채, 나머지 700만 원은 친구들과 모은 돈이에요자본. 이 경우, 700만 원이 진짜 여러분의 것입니다.

그로부터 6개월 뒤, 장사가 잘돼서 순이익 200만 원을 벌었어요. 이 돈을 나눠 갖지 않고 가게에 재투자하기로 했다면? 이제 자본은 700만 원처음 투자한 돈 + 200만 원쌓아둔 이익 = 900만 원이 됩니다. 회사가 번 돈을 쌓아두면 자본이 계속 늘어나는 거예요.

자산 = 부채 + 자본

이 공식은 모든 기업의 기본 원리예요. 기업이 가진 모든 것자산은 빌려온 돈부채과 주주의 돈자본으로 이뤄져 있다는 뜻입니다.

쿠팡을 예로 들면, 쿠팡의 물류센터와 배송 트럭들자산은 은행 대출부채과 투자기관들의 돈자본으로 만들어진 거예요. 쿠팡이 계속 적자를 내면서도 버틸 수 있었던 건 소프트뱅크 같은 투자자들이 계속 자본을 늘려줬기 때문입니다.

부채비율

부채를 자본으로 나눈 값을 '부채비율'이라고 해요. 일반적으로 100~200% 정도면 안정적이라고 보지만, 업종마다 기준이 다릅니다.

항공사는 비행기를 구매하거나 대여하는 데 막대한 자금이 필요해서 부채비율이 높은 편이에요. 반면 IT 기업들은 큰 설비 투자 없이도 사업할 수 있어서 부채비율이 낮은 경우가 많죠. 이처럼 업종마다 적정 수준이 다릅니다.

이제 뉴스에서 "C 기업이 부채비율 300%로 위험하다."는 기사를 보면, "빌린 돈이 자기 돈의 3배나 되는구나, 이자 갚기도 힘들겠네."라고 이해할 수 있겠죠?

매출 1조 원짜리 회사는 정말 부자일까?

둘 중 어느 회사가 더 건강할까요?

A회사 매출 1조 원, 하지만 비용이 9,900억 원이라 이익은 100억 원뿐이에요.

B회사 매출은 1,000억 원밖에 안 되지만, 비용이 500억 원이라 이익도 500억 원이에요.

대부분은 '매출이 더 큰 회사가 좋은 회사'라고 생각합니다. 하지만 실제로는 돈을 얼마나 남겼느냐, 그리고 그 회사가 빌린 돈부채과 가진 돈자산, 자본의 균형이 어떤지를 봐야 합니다.

 더 알아볼 것 & 생각해 볼 점

- 둘 중 어떤 회사의 주식을 사고 싶은가? 그 이유는?
- 매출이 크지만 이익이 적은 회사, 이익이 많지만 매출이 적은 회사 — 각각의 장단점은 무엇일까?
- 성장성과 안정성 중 어느 쪽을 더 중요하게 생각하는가?

활동지 작성 TIP 이 사고실험의 목적은 매출·비용·이익의 관계를 단순히 숫자가 아니라 '돈의 흐름'으로 이해하는 데 있습니다. "어떤 회사가 더 건강한가?"를 판단할 때 이익률과 부채비율을 함께 고려해 보고, 왜 그렇게 생각했는지 근거를 적는 것이 중요합니다. 마지막에는 "내가 투자자라면 어떤 회사를 고를까?"를 한 문장으로 정리해 보세요.

돈의 흐름을 읽는 탐정이 되어라

"재무제표 속 숫자들, 다 비슷하게 보여요. 뭐가 뭔지 헷갈려요!"

"오늘은 우리가 재무 탐정이 돼서 돈의 흐름을 추적해 보자!"

1단계 : 자산·부채·자본 구분하기

아래의 문장에 들어갈 단어를 고르세요.(자산 / 부채 / 자본 중 선택)

1 회사가 가지고 있는 현금, 건물, 기계, 재고는 _________________ 이다.

2 은행에서 빌린 대출금, 갚아야 할 돈은 _________________ 이다.

3 주주들이 투자한 돈, 회사의 순수한 자기 돈은 _________________ 이다.

✎ 정리하기 : 자산 = __________ + __________

2단계 : 매출·비용·이익의 관계 이해하기

아래 예시를 읽고, 각 상황이 매출·비용·이익 중 어떤 항목에 해당하는지 적어 보세요.

상황	항목	개념
빵집이 하루에 100개의 빵을 팔아 50만 원을 벌었다		팔아서 벌어들인 돈
밀가루, 전기세, 인건비로 35만 원을 썼다		제품을 만들고 파는 데 사용된 돈
남은 15만 원은 사장님의 진짜 수입이 되었다		비용을 제하고 남은 돈

✎ 정리하기 : 매출 - 비용 = __________

3단계 : 돈의 흐름 연결하기

아래 설명에 순서를 매겨 보세요. (①~⑤ 순서를 써 넣으세요)

(　　　) 회사는 물건을 팔아 매출을 올린다.

(　　　) 매출에서 비용을 빼면 이익이 남는다.

(　　　) 이익 중 일부를 빚(부채) 갚는 데 쓰고, 일부는 새로운 기계나 연구 개발(자산)에
　　　　투자한다.

(　　　) 시간이 지나면 자산이 늘고, 자본이 커진다.

(　　　) 자산이 늘어나면 회사의 가치가 높아진다.

4단계 : 나의 재무 탐정 메모

1 매출·비용·이익은 기업의 (성과 / 현재 상태) 중 어느 쪽을 보여 줄까?

　　→ ＿＿＿＿＿＿＿＿＿＿＿＿

2 자산·부채·자본은 기업의 (성과 / 현재 상태) 중 어느 쪽을 보여 줄까?

　　→ ＿＿＿＿＿＿＿＿＿＿＿＿

CHECK POINT!

☐ 자산·부채·자본이 '기업이 가진 돈의 상태'임을 이해했는가?

☐ 매출·비용·이익이 '돈이 오가며 만들어지는 과정'임을 구분했나?

정답 : **1단계 1** 자산 **2** 부채 **3** 자본 ☞ 부채 + 자본　　**2단계** 매출 / 비용 / 이익 ☞ 이익

　　　　3단계 ① → ② → ③ → ④ → ⑤　　　　　　**4단계** 성과 / 현재상태

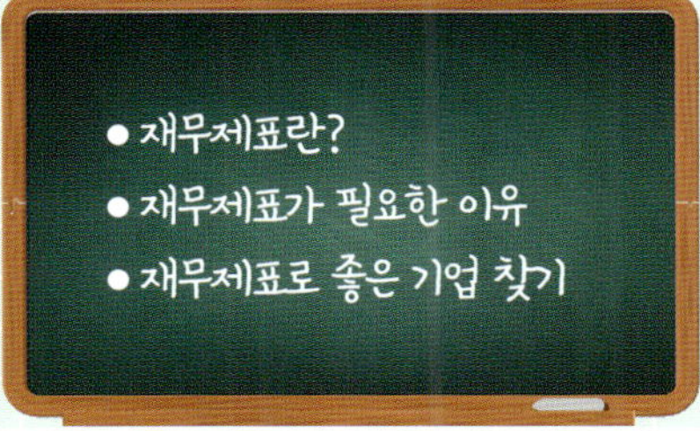

▷ 이번 시간
유튜브 영상 보기

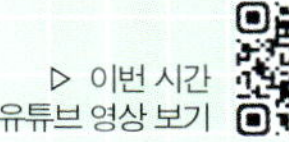

현장 체험학습을 마친 뒤, 펭수와 똘비는 아쉬운 얼굴로 주영 쌤을 따라 걷고 있었다.

그런데 쌤을 따라 도착한 곳은 뜻밖에도 교실이 아닌, 낯선 강당이었다.

"너희가 교실에 가기 너무 싫어하는 것 같아서, 오늘은 밖에서 좀 더 이야기하고 들어가려고 해!"

펭수와 똘비의 안색이 확 밝아졌다.

"그럴 줄 알았어."

둘의 표정을 본 주영 쌤이 뿌듯한 미소를 지었다.

"방금 전에 빵집의 매출, 비용, 이익을 다 계산해 보니 어떤 생각이 들었어? 이제 재무제표를 통해서 기업을 분석할 수 있을 것 같니?"

똘비는 손사래를 쳤다.

"아니요, '재무제표'라는 단어부터 어려워요. 숫자만 봐도 어지러워요."

"맞아, 그럴 수 있지. 근데 생각보다 단순해. 아까 빵집의 월 매출과 이익이 얼마였지?"

"매출은 900만 원, 이익은 90만 원이었습니다!"

펭수가 자신 있게 외쳤다.

"그래, 그런데 사장님이 그 90만 원을 전부 가져가는 건 아니야. 아까도 말했지만, 더 좋은 빵을 만들려고 새 제빵 기계를 사셨다고 해. 그걸 사느라 은행에서 돈을 빌리셨대."

똘비가 안타깝다는 듯 한숨을 쉬었다.

"대출을 하셨군요?"

"맞아. 매달 30만 원씩 갚고 있대. 이런 걸 우리는 뭐라고 할까?"

펭수가 손을 번쩍 들었다.

"부채! 즉, 빚이죠!"

"정답. 이게 바로 '부채'야. 그런데 여기서 끝이 아니야. 사장님이 새로운 메뉴를 개발하려고 이탈리아 제빵 장인에게 5천만 원을 주고 레시피를 사 왔다더라."

"강심장이시네! 과감한 투자를 하셨군!"

펭수가 고개를 크게 끄덕이며 감탄하듯 말했다. 똘비는 더욱 걱정스러운 표정으로 물었다.

"너무 위험한 투자 아닌가요?"

"사장님 입장에서는 항상 같은 빵만 팔 수 없으니까. 더 다양한 빵을, 더 많이 팔려면 투자를 해야 해. 물론 위험이 있지만, 더 큰 수익을 기대할 수도 있어. 그 균형을 잡는 것이 정말 중요하지!"

주영 쌤이 말을 이었다.

"그래서 오늘은 모의로 '좋은 기업'을 분석해 볼 거야."

그리고는 두 장의 종이를 나눠주었다.

"A 기업과 B 기업이 있어. 매출, 비용, 이익, 부채, 자본, 투자 금액이 다르지. 둘 중 어떤 회사가 더 좋은 기업일까?"

기업성적표

	A 기업	B 기업
매출	1000만 원	500만 원
비용	700만 원	250만 원
이익	300만 원	250만 원
부채	900만 원	100만 원
자본	1000만 원	1000만 원
투자	50만 원	70만 원

펭수가 눈을 반짝였다.

"저는 B 기업이요. 감이 왔습니다."

"저는 A 기업이요. 매출이 훨씬 많아요. 단순하죠!"

뚝비가 맞받았다.

"좋아, 그럼 이유를 말해 볼까?"

펭수가 자신 있게 말했다.

"저는 남들이 못 보는 걸 봅니다. 보세요, A 기업에는 함정 카드가 숨어 있죠."

"함정 카드?"

"부채입니다. 900만 원이 쓰여 있잖아요? 그런데 B 기업은 부채가 100만 원이고, 이익이 250만 원이에요. 부채를 갚아도 돈이 남아요. B 기업은 돈을 써도 남는 구조입니다!"

"전 다르게 봅니다."

똘비가 손을 들었다.

"투자를 위해 빚을 낸 거라면 괜찮아요. A 기업은 매출이 높고, 지금은 부채가 많지만 장기적으로 커질 거예요. 매출 천만 원이 뭐예요, 저는 6경까지 봅니다!"

강당이 웃음 바다가 됐다.

"둘 다 나쁘지 않은 시선이야." 주영 쌤이 차분하게 말을 이었다. "하지만 똘비가 하나 놓친 게 있어. 이 표를 봐봐. 투자 금액 항목을 보면, A 기업은 50만 원을, B 기업은 70만 원을 투자했지?"

"어…, 그렇네요."

“부채는 A 기업이 더 많지만, 투자로 본다면 B 기업이 더 적극적인 기업이야. 이익을 내면서도 성장에 투자하고 있으니까, 재무제표상으로는 B 기업이 더 건강한 기업이라고 볼 수 있지.”

펭수가 감탄했다.

“와…, 지금 엄청난 걸 깨달은 느낌이에요.”

“그렇지? 그래서 기업에 투자하기 전에 재무제표를 분석하는 게 중요하단다.”

“자, 오늘 배운 걸 정리해 볼까?”

주영 쌤이 미소 지으며 물었다.

펭수가 손을 들었다.

“매출이 많다고 다 좋은 게 아닙니다. 부채나 비용까지 함께 봐야 해요.”

“정답.”

쌤이 고개를 끄덕였다. 뚤비도 이어서 말했다.

“결국 남는 게 이익이지만, 기업이 이익을 어떻게 쓰는지도 중요해요. 투자를 많이 하는 회사가 더 성장할 수 있다고 생각합니다.”

“훌륭해.” 주영 쌤은 뿌듯한 얼굴로 둘을 바라봤다. “좋은 기업을 찾는 기준, 바로 오늘 배운 매출·비용·이익·부채 같은 숫자들이란다.”

펭수와 뚤비는 동시에 외쳤다.

"좋습니다! 투자 잘할 수 있을 것 같아요!"

"근데 말이야…" 쌤의 목소리가 한풀 꺾이듯 낮아졌다. "오늘이 나와 의 마지막 수업이야."

"에에? 왜요?"

펭수가 눈을 동그랗게 떴다.

"다음 시간부턴 새로운 선생님이 오신대."

뚤비가 아쉬운 표정으로 말했다.

"그동안 감사했습니다. 나중에 부자 돼서 꼭 빵 선물 드릴게요."

뚤비의 말에 주영 쌤은 눈가가 촉촉해진 채로 힘주어 마지막 인사를 건넸다.

"좋지. 그럼, 오늘 수업은 이걸로 끝!"

"차렷!"

"인사!"

교실에 둘의 우렁찬 외침이 울려 퍼졌다.

재무제표란 무엇이며 왜 필요할까?

   방금 우리가 살펴본 빵집 이야기, 기억하죠? 매출이 아무리 많아도 재료비와 월세 같은 비용을 내고, 새로운 기계를 사느라 은행에서 돈^{부채}을 빌리고, 새 레시피를 사느라 투자^{자산}까지 했죠.

이처럼 기업은 영업 활동 외에도 돈을 빌리거나 투자하는 활동을 끊임없이 합니다. 기업의 진짜 실력, 즉 재무 상태를 알기 위해선 매출만 봐서는 안 되고, 이러한 모든 활동의 기록을 봐야 해요.

이 기록을 통해 기업이 얼마를 벌었고^{수익성}, 빚이 얼마나 있는지^{안정성}, 얼마를 가지고 있는지^{자산}를 한눈에 파악할 수 있는데, 이것이 바로 '재무제표'입니다. 한 마디로, 기업의 건강 상태를 한눈에 파악할 수 있는 진단표예요. 공식 성적표라고도 할 수 있죠!

상장 기업은 매년 한 번 그리고 분기^{1년을 3개월씩 4등분한 기간}마다 1회씩, 1년에 총 네 번 재무제표를 만들어 주주와 투자자, 은행, 정부에 공개해야 합니다. (1년 중 마지막인 4분기는 별도의 분기 보고서 대신 연간 보고서에 포함해서 보고합니다.) 재무제표를 보면 그 회사가 건강한지, 위험한지, 믿을 만한지를 판단할 수 있어요.

재무제표를 구성하는 세 가지 핵심 문서

재무제표는 크게 세 부분으로 구성됩니다. 각각이 회사의 서로 다른 면모를 드러내기 때문에, 이 세 가지를 모두 살펴봐야 기업의 전체 모습을 제대로 이해할 수 있어요.

손익계산서 회사의 성적표

손익계산서Income Statement는 일정 기간 동안 회사의 경영 성과를 보여 줍니다. 얼마나 벌고매출 쓰고비용 남겼는지이익 한눈에 알 수 있죠.

손익계산서는 "올해 1~12월 사이 매출 100억 원, 비용 70억 원, 순이익 30억 원"처럼 구체적인 숫자로 표현됩니다. 일종의 성적표처럼, 회사가 한 해 동안 얼마나 성과를 냈는지 정리한 것이에요. 이 표를 보면 회사가 돈을 잘 벌고 있는지, 아니면 손해를 보고 있는지 파악할 수 있습니다.

재무상태표 회사의 건강검진표

재무상태표Balance Sheet는 특정 시점에서 회사의 재산 상태를 보여 줍니다. 회사가 보유한 것자산, 갚아야 할 빚부채, 그리고 주주들의 실제 몫자본이 얼마인지 알려주죠. "지금 이 회사의 통장과 빚 상황은 어떤가?"를 한눈에 볼 수 있는 표입니다.

앞서 배운 '자산 = 부채 + 자본' 공식이 바로 이 표의 기본 원리예요. 빚이 지나치게 많으면 위험 신호이고, 자본이 든든하면 건강한 회사라고 볼 수 있습니다. 손익계산서가 일정 기간의 성과를 보여 준다면, 재무상태표는 현재 시점의 재산 상태를 보여 줍니다.

현금흐름표 실제 돈의 움직임

현금흐름표Cash Flow Statement는 회사에서 실제로 현금이 어떻게 들어오고 나갔는지를 보여 줍니다.

"손익계산서에 이익이 있다면 돈도 있는 거 아닌가요?"라고 생각할 수 있어요. 하지만 장부상 이익과 실제 현금은 다를 때가 많습니다.

그림 7　재무제표를 구성하는 핵심 문서

물건을 팔았는데 대금을 받지 못했다면_{외상 매출}, 손익계산서에는 이익으로 기록되지만 실제 현금은 없는 상황이죠. 현금흐름표는 이런 차이를 보여 주며, '이익이 정말로 현금으로 들어왔는가?'를 확인시켜 줍니다.

놀랍게도 이익이 많은데도 현금이 부족해서 망하는 회사들이 있어요. 이를 '흑자 _{아래 내용 참고} 도산'이라고 부른답니다.

재무제표는 왜 필요할까?

첫째, 투자자들에게 재무제표는 기업의 실력을 평가하는 판단 자료가 되어 줍니다.

주식 투자를 고민하는 사람들은 재무제표를 꼼꼼히 살펴봅니다. 매출이 매우 큰 회사라도 그저 "돈을 많이 벌었네!"라며 감탄하는 것이 아니

개념 키움

적자와 흑자

벌어들인 돈보다 쓴 돈이 더 많은 상태를 **적자**라고 한다.

반대로, 벌어들인 돈이 쓴 돈보다 많아서 남은 것이 있는 상태가 **흑자**이다.

왜 적자와 흑자라고 부를까? 예전에는 장부를 손으로 적었는데, 손실이 났을 때는 눈에 잘 띄라고 빨간색 잉크로 적었고, 이익이 났을 때는 검은색 잉크로 적었다. 그래서 빨간 글씨란 뜻의 적자赤字(붉을 적+글자 자), 검은 글씨란 뜻의 흑자黑字(검을 흑+글자 자)가 되었다. 

라 "실제 수익성은 어떤가? 성장 가능성은 있나?"를 따져보죠. 부채비율을 통해 "갑자기 망할 위험은 없는가?"도 살펴보고, 더 나아가 연구 개발비 지출을 보며 "미래를 준비하고 있는가?"까지 파악해요.

예를 들어, BTS의 소속사 하이브는 상장 당시 재무제표에서 급성장하는 매출과 함께, 새로운 아티스트 육성과 플랫폼 개발에 막대한 투자를 하고 있다는 것이 나타났습니다. 투자자들은 이를 보고 "BTS에만 의존하는 회사가 아니라 미래를 준비하는 회사구나."라고 판단했고, 실제로 주가가 크게 올랐죠.

둘째, 은행에게는 회사의 신용도를 평가하는 자료가 됩니다.

은행은 재무제표에서 특히 현금흐름표를 중요하게 봅니다. 매출이 아무리 많아도 실제로 현금이 들어오지 않으면 빚을 갚을 수 없기 때문이에요. 매출이 급성장했더라도 현금흐름이 마이너스이면 은행 대출을 받기 어렵습니다. 반면 꾸준히 현금을 창출하는 기업에게는 은행이 먼저 "돈 좀 빌려 가세요."라고 할 정도죠.

더 흥미로운 것은 은행이 재무제표의 '주석'_{본문을 보충하기 위해 덧붙이는 글}이라는 부분까지 꼼꼼히 본다는 점입니다. 주석은 재무제표의 숨겨진 이야기를 담고 있습니다. "내년에 갚아야 할 큰 빚이 있다."거나 "중요한 소송에 휘말려 있다."는 등의 정보가 여기에 숨어 있어요. 이런 정보 하나하나가 대출 이자율을 결정하는 데 영향을 미칩니다.

셋째, 경영진에게는 자신을 점검하는 거울이 됩니다.

한때 애플에서 쫓겨났던 스티브 잡스 《10대를 위한 글로벌 빅테크 수업》 142~149페이지 참고 . 그가 애플로 돌아왔을 때 가장 먼저 한 일이 무엇이었을까요? 바로 재무제표를 분석하는 것이었습니다. 당시 애플은 70여 개의 제품을 만들고 있었는데, 재무제표를 보니 대부분이 손해를 보고 있었습니다. 잡스는 과감하게 제품 라인을 4개로 줄였고, 그 결과 애플은 파산 위기에서 세계 최고 기업으로 변신했어요.

경영자에게 재무제표는 회사의 엑스레이 사진과 같아요. 겉으로는 멀쩡해 보여도 속에 문제가 있다면 재무제표에 그대로 드러나거든요. 만약 재고자산이 늘어나면 제품 판매가 부진하다는 신호이고, 매출 채권이 증가하면 외상 대금을 제때 회수하지 못하고 있다는 뜻이며, 판매관리비가 늘어나면 어딘가에서 돈이 새고 있다는 의미입니다. 이처럼 재무제표로 회사의 내부 상황을 읽어낼 수 있죠. 146페이지 내용 참고

이처럼 재무제표를 통해 "비용 구조에 문제는 없나?", "수익률이 떨어진 원인은?", "현금 부족의 원인은 무엇일까?" 같은 중요한 질문에 답을 찾을 수 있습니다. 그래서 훌륭한 경영자는 재무제표를 통해 회사의 문제점을 발견하고 개선 방안을 마련합니다.

재고자산, 매출채권, 판매관리비

- **재고자산** : 회사가 팔기 위해 보유하고 있는 상품이나 제품, 그리고 제품을 만드는 데 사용되는 원재료를 말한다. 옷 가게의 옷, 전자제품 매장의 스마트폰, 공장의 부품 등이 모두 재고자산이다. 회계에서는 자산으로 분류되며, 팔리면 매출이 된다.
- **매출채권** : 물건을 팔았지만 아직 돈을 받지 못한 것을 말한다.
- **판매관리비** : 제품을 만드는 데 직접 들어간 비용이 아니라, 회사를 운영하고 물건을 파는 데 필요한 모든 비용이다. 직원 월급, 광고비, 사무실 임대료, 전기세, 물류비, 마케팅 비용 등이 포함된다. 이 비용이 너무 높으면 이익이 줄어든다.

재무제표로 좋은 기업 찾기, 어렵지 않다!

66 재무제표가 무엇이고, 손익계산서·재무상태표·현금흐름표라는 세 가지 핵심 문서가 기업의 어떤 측면을 보여 주는지 배웠습니다. 이제부터는 그 두꺼운 재무제표의 숫자 속에서 정말 중요한 것만 쏙쏙 뽑아내는 방법을 알아볼게요.

우리가 기업의 건강과 잠재력을 평가할 때 반드시 확인해야 하는 세 가지가 있어요. 바로 이익률, 부채비율, 자산 성장률입니다.

이익률 : 기업의 효율성을 비추는 렌즈

기업의 최종 목표는 이익을 남기는 거예요. 그리고 이익률은 기업이 얼마나 효율적으로 돈을 버는지를 보여 주죠. 즉, 매출 100원에서 각종 비용을 빼고 몇 원이나 이익으로 남기는지를 따지는 것입니다.

우리가 앞서 배운 비용 120페이지 참고 개념을 떠올려 보세요. 아무리 매출이 많아도 고정비월세, 관리비 등나 변동비재료비, 인건비 등 관리가 안 되어 이익률이 낮다면, 그 기업은 비효율적으로 운영되고 있다는 뜻입니다.

적절한 수준의 이익률은 산업마다 다릅니다.

박리다매 산업 대형 마트처럼 많은 양을 팔아 이익을 내는 곳은 영업이익률이 2~3%로 낮아요. 100원 팔아 2~3원만 남기는 것이죠.

고부가가치 산업 명품 브랜드나 특허 의약품을 만드는 회사들은 강력한 진입 장벽 덕분에 25~40% 이상의 높은 이익률을 유지하기도 합니다.

왜 이렇게 차이가 날까요?

대형 마트는 경쟁이 심해서 가격을 낮춰야 손님이 오기 때문이죠. 또 근처 마트에서 똑같은 상품을 팔 수도 있고요. 이처럼 누구나 비슷한 상품을 팔 수 있을 때는 이익률이 낮습니다.

하지만 나만 팔 수 있는 특별한 상품이 있다면 이야기가 달라져요. 예를 들어, 경쟁이 거의 없는 명품 기업은 어떨까요? 에르메스의 가방은 에르메스만 만들 수 있어요. 특별한 기술과 브랜드 가치가 있어서 비싸게 팔아도 사려는 사람이 많죠. 그래서 이익률이 높은 것입니다.

그럼, 이익률이 높다고 무조건 좋은 기업일까요? 꼭 그렇지는 않아요. 2022년 테슬라의 영업이익률은 16%로 자동차 업계 평균5~7%보다 훨씬 높았지만, 다음 해 가격 인하 경쟁을 시작하자 이익률이 9%로 급락했습니다. 이익률이 이처럼 급격히 변한다는 것은 그 기업의 사업 모델이 불안정하다는 신호일 수 있어요.

반대로, 맥도날드는 20년간 영업이익률을 꾸준히 40% 내외로 유지하고 있습니다. 단순히 햄버거를 팔아 돈을 버는 것처럼 보이지만, 실제로는 부동산 임대업에 가까운 사업 모델을 보유한 덕분이죠. 가맹점주들에게 장기 임대료를 받는 구조로, 매출이 줄어도 이익률이 안정적으로 유지되고 있어요.

결론적으로, 이익률의 절대 수치뿐 아니라, 왜 그런 이익률이 나오는지경쟁 우위가 있는지 그리고 얼마나 오랫동안 안정적으로 유지할 수 있는지를 파악하는 것이 가장 중요합니다.

부채비율 : 기업의 안정성을 보여 주는 지표

앞서 배웠듯, 부채비율은 재무상태표에서 빌린 돈부채이 내 돈자본에 비해 얼마나 많은지를 드러내 주는 지표입니다. 부채비율이 지나치게 높으면 빚 때문에 작은 외부 충격에도 기업이 위험해질 수 있어요.

하지만 부채가 항상 나쁜 것만은 아니에요.

나쁜 부채 단순히 적자를 메우거나, 사업 전망이 불투명한데 무리하게 외형을 키우려고 빌리는 빚

좋은 부채 미래 성장을 위한 공격적인 투자에 쓰이는 빚

2015년 넷플릭스는 부채비율이 200%를 넘었어요. 콘텐츠 제작을 위해 공격적으로 빚을 냈기 때문인데요. "미친 짓"이라는 평가도 있었지만, 결국 그 투자로 전 세계 2억 명의 구독자를 확보했고, 지금은 부채비율이 100% 아래로 떨어졌어요. 이처럼 미래 성장을 위한 '좋은 부채'와 그저 적자를 메우기 위한 '나쁜 부채'를 구분해야 합니다.

부채비율을 볼 때는 반드시 현금흐름표를 함께 봐야 해요. H 자동차

처럼 부채비율이 200%가 넘더라도, 매년 수조 원 이상의 현금을 꾸준히 창출한다면 빚을 갚을 능력이 충분하므로 안전합니다. 반대로 부채비율이 100%대로 낮아 보여도 현금흐름이 계속 마이너스라면 훨씬 위험한 기업일 수 있어요.

자산 성장률 : 기업의 미래 가능성을 보여 주는 숫자

앞서 본 빵집의 사례에서, 사장님은 매달 90만 원의 이익을 냈지만 그 돈을 모두 자기 이익으로 가져가지 않았어요. 새 제빵 기계를 사고, 이탈리아 제빵 장인에게 5천만 원을 주고 특별한 레시피를 샀죠. 당장은 사장님이 가져가는 돈이 줄어들었지만, 빵집에는 새로운 기계와 레시피라는 소중한 재산이 생겼습니다. 이렇게 번 돈을 다시 사업에 투자하면 빵집의 자산이 늘어나는 거예요. 1년 후에는 그 투자 덕분에 맛있는 빵을 더 많이 팔아서 월 매출이 훨씬 더 늘어날 수도 있겠죠?

기업도 똑같습니다. 기업이 벌어들인 이익을 모두 주주들에게 배당으로 나눠주지 않고, 일부를 재투자하면 기업의 재산, 즉 자산이 늘어납니다. 자산 성장률은 이처럼 기업이 얼마나 미래를 준비하고 있는지를 짐작하게 하는 지표랍니다.

자산이 꾸준히 늘어난다는 것은 이익을 연구 개발, 공장 증설, 혁신 기술 확보 같은 미래 경쟁력에 쏟아붓고 있다는 의미예요.

예를 들어, 전자상거래 업계의 거인이라 불리우는 아마존은 20년간 거의 배당을 하지 않고 모든 이익을 물류센터, 클라우드 서버, AI 기술 개발에 재투자했습니다. 그 결과, 자산이 매년 20% 이상 폭발적으로 성장하며 지금의 압도적인 시장 지배력을 갖게 되었죠. 이는 재투자의 힘을 보여 주는 대표적인 사례입니다.

하지만 늘어나는 자산의 질 역시 중요합니다. 겉만 번지르르한 '풍선 자산'인지, 아니면 단단한 '근육 자산'인지를 구별해야 하죠.

구글_{알파벳}을 볼까요. 구글의 자산 중 상당 부분은 특허, 알고리즘, 데이터센터 같은 무형자산 125페이지 참고 입니

이익률이 높을수록 비용을 잘 관리하고, 더 많은 이익을 남긴다는 뜻이에요.

적당한 부채는 투자를 돕지만, 너무 많으면 이자 부담으로 회사가 위험해져요.

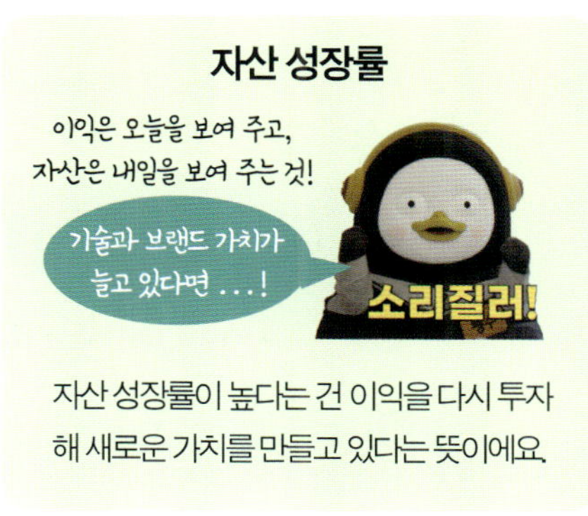

자산 성장률이 높다는 건 이익을 다시 투자해 새로운 가치를 만들고 있다는 뜻이에요.

그림 8 좋은 기업을 고르는 세 가지 비밀

다. 당장 눈에 보이지 않지만, 그 실제 가치는 엄청나요.

반대로 기업을 인수할 때 지불하는 '영업권Goodwill'이란 항목이 자산에서 차지하는 비중이 너무 크다면 주의해야 합니다. 영업권이란 미래에 사업이 잘될 것을 고려하여 본래 가치보다 높은 가격을 지불하는 것이에요. 그런데 이 항목의 비중이 지나치게 크다는 건, 비싸게 산 회사가 기대만큼 성과를 내지 못하고 있다는 위험 신호일 수 있거든요.

세 가지 지표의 황금 비율을 찾아라

이익률·부채비율·자산 성장률, 이 셋을 함께 보면 기업의 진짜 모습이 명확하게 드러납니다.

지표	건강한 기업의 특징	이 지표로 알 수 있는 것
이익률	업계 평균 이상, 꾸준히 개선 또는 유지되는 중	효율성과 경쟁 우위가 높음
부채비율	100~200%로 안정적 유지	재무적 안정성이 높음
자산 성장률	연 10% 이상, 지속적으로 증가	미래 성장 가능성이 높음

표2　좋은 기업 찾기 : 이상적인 황금 비율

만약 이 세 가지 중 하나라도 균형이 깨지면 문제가 생길 수 있어요.

이익률은 높은데 부채비율이 급증하고 있다면, 돈은 잘 벌지만 빚을 내서 무리하게 사업을 확장하고 있다는 경고입니다.

자산은 계속 늘어나는데 이익률이 하락하고 있는 경우는 어떨까요? 투자는 하는데자산 증가, 그 투자가 비효율적이어서 돈을 제대로 벌지 못한다는 뜻입니다.

부채비율은 낮은데 자산이 줄어드는 중이라면요? 빚이 없어 안전하지만, 미래 투자를 게을리하고 있어서 장기적으로는 성장 가능성이 낮아질 수 있죠.

대표적인 예가 한때 폭발적으로 성장했지만 결국 실패한 공유오피스 기업 위워크WeWork예요. 매출이 늘어날 때도 위워크는 계속 손해를 보고 있었어요. 100원을 벌어도 90원 이상을 손해 보는 상황이었죠. 게다가 빌린 돈도 어마어마했어요. 부채비율은 300% 이상으로, 위워크가 가진 재산의 3배가 넘는 빚을 지고 있었답니다. 이렇게 세 지표의 심각한 불균형은 기업의 몰락을 예고하는 위험 신호였던 거예요. 실제로 위워크는 2023년에 파산했습니다.

성과가 화려한 회사 vs. 조용하게 성장하는 회사

A 회사 어디에나 이 회사의 광고가 있어요! 새 건물, 새 제품, 사람들의 주목을 한 몸에 받아요. 하지만 재무제표를 보니 부채비율이 300%, 매년 이익률이 줄고 있군요.

B 회사 겉보기엔 조용하지만 매년 이익률을 10% 이상 유지하고, 부채비율도 안정적이에요.
자산은 꾸준히 15%씩 늘어나고 있네요.

겉으로는 둘 다 성장 중처럼 보이는데요, 여러분이라면 둘 중 어떤 회사에 투자하겠습니까? 힌트! 재무제표 속 숫자는 그 회사의 진짜 체력과 숨겨진 위험을 말해 주고 있어요.

더 알아볼 것 & 생각해 볼 점

- 매출이 크고 자산이 많다고 해서 좋은 회사라고 단정할 수 있을까?
- 내가 투자자라면, '당장 눈에 띄는 회사'와 '꾸준히 성장하는 회사' 중 어떤 회사를 선택할까?
- 좋은 기업이란 어떤 기업이라고 생각하는가? 한 문장으로 정리해 보자.

활동지 작성 TIP 세 지표의 균형을 중심으로 사고하도록 하는 것이 이 사고실험의 목적입니다. "이익률은 높지만 부채비율이 높다 → 어떤 위험이 있을까?"처럼 원인과 결과를 연결해 보는 것이 중요합니다. 숫자 자체보다 변화의 방향에 주목하여 꾸준히 유지·개선되는 추세를 보고, 이를 통해 재무제표 속 숫자를 넘어서는 '이야기'를 읽는 능력을 길러 보세요.

재무제표를 통해 좋은 기업을 찾아라

"재무제표가 어려워 보였는데, 몇 가지 핵심 숫자만 보면 되는 거였군.
이번에 내가 투자하려는 기업의 재무제표를 자세히 한 번 봐야겠어."

1단계 : 기업 선택하고 기본 재무정보 찾기

1 분석할 기업을 하나 고르세요.

종목명 : ________________

☞ 힌트 : ❶ 최근 관심 있는 업종, 섹터에서 가장 거래량이 많은 기업을 찾아보세요.

❷ 내가 주로 사용하는 브랜드의 회사를 찾아보는 것도 좋습니다.

2 기본 재무 정보 찾기

● 국내 : 네이버금융 → 종목검색 → [기업개요] → [재무제표]

● 해외 : Yahoo Finance https://finance.yahoo.com (종목 검색 → [Financials], [Balance Sheet] 확인)

항목	수치	단위/비고
매출액		(억 원 / million USD)
영업이익		(억 원 / million USD)
순이익		(억 원 / million USD)
자산		(억 원 / million USD)

부채		(억 원 / million USD)
(....................)		(억 원 / million USD)

2단계 : 핵심 지표 계산하고, 기업 건강 진단표 작성하기

1 **이익률(%)** = (순이익 ÷ 매출액) × 100 = ___________%

2 **부채비율(%)** = (부채 ÷ 자본) × 100 = ___________%

3 **자산 성장률(%)** = [(올해 자산 - 작년 자산) ÷ 작년 자산] × 100 = ______ %

항목	평가	이유
이익 구조	□ 안정적 □ 불안	
부채 수준	□ 적정 □ 과다	
자산 성장률	□ 꾸준함 □ 멈춤	
전반적 재무 건강	□ 튼튼 □ 주의 필요	

3단계 : 나의 투자 판단 내리기

● 내가 투자자라면 이 회사에 투자할까?　□ 예　□ 아니오

● 만약 이 회사에 투자한다면, 어떤 점을 주의 깊게 지켜볼 것인가?

CHECK POINT!

□ 단순히 매출이 아닌 이익·자산·부채의 균형을 이해했는가?

□ 이제 재무제표를 볼 때 '크기'보다 '체력'을 먼저 떠올릴 수 있나?

내가 회사의
주주가
된다면?

세 번째 수업

주주총회란 무엇일까, 지분율과 의결권, 거래소와 증권사, 기업과 투자자의 욕망
세 번째 수업
전체 보기

펭수, CEO에서 쫓겨나다…!

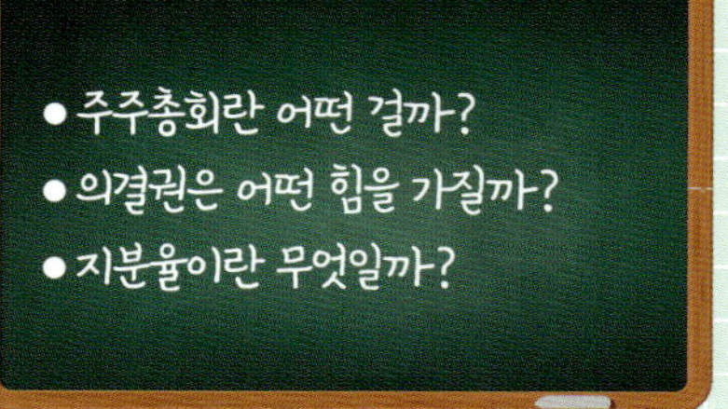

▶ 이번 시간
유튜브 영상 보기

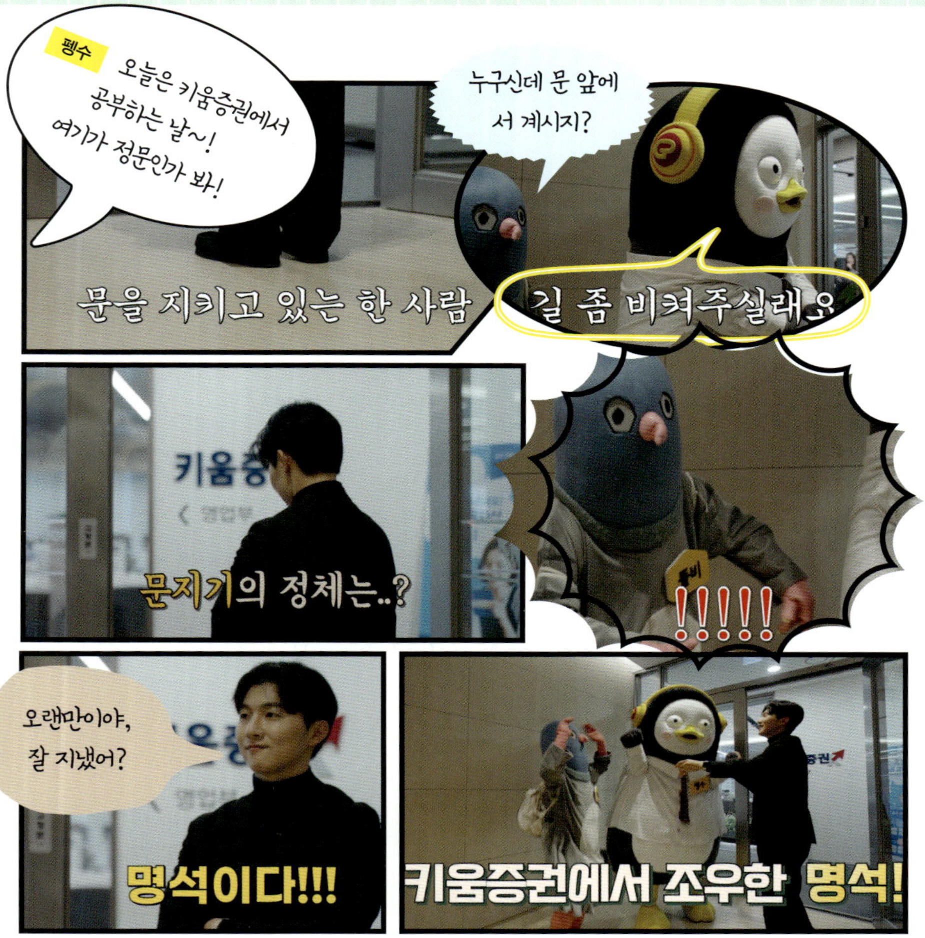

펭수야~ 학교 가자! 2

키움증권 사무실 앞.

펭수와 똘비는 교실이 아닌 이곳 사무실에서 수업할 것이라는 이야기를 듣고, 문 앞에 도착했다.

그때, 커다란 유리문 앞에서 서성이는 사람이 보였다.

"엇, 문지기다, 문지기."

펭수가 똘비에게 속삭이더니, 그 사람에게 다가가 예의 바르게 말을 건넸다.

"저기요, 저희가 안으로 좀 들어가야 하거든요. 길 좀 비켜 주실래요?"

"길막은 좀 지양해 주시죠."

똘비가 옆에서 덧붙였다.

그때 문지기처럼 서 있던 남자가 고개를 돌렸다.

"어? 너희들 왔구나?"

"엇, 명석 쌤?!"

두 새는 반가워서 팔짝팔짝 뛰었다. 명석 쌤도 함께 뛰며 다시 만난 기쁨을 나눴다.

"안녕! 날 보고 싶어 했다며? 그러고 보니 우리 펭수, 넥타이도 맸네!"

"그럼요, 저희 이제 중학생이에요!"

쌤의 말에 펭수가 으쓱했다.

"그래서 오늘은 내가 직접 초대했지. 오늘은 특별히 너희 둘만을 위한 스파르타 집중 투자 교육이야. 따라와 보겠어?"

쌤의 말에 둘은 신나서 외쳤다.

"좋습니다! 갑시다!"

"레츠 고!"

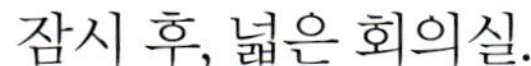

잠시 후, 넓은 회의실.

명석 쌤과 새 두 마리의 뒤편으로 '키움 중학교 2025 정기 주주총회'라는 현수막이 걸려 있었다.

명석 쌤이 엄숙하게 말했다.

"오늘은 주주총회를 경험해 볼까 해. 여기가 바로 가상 주주총회 현장이야.

주주총회란, 기업의 주주들이 모여 앞으로의 계획, 투자 방향, 배당금을 결정하는 자리지. 자, 이제 역할을 나눠볼까? 누가 CEO, 누가 주주를 할래?"

"당연히 제가 CEO죠. CEO가 대빵 아닙니까?"

펭수가 손을 번쩍 들었다.

"저도 CEO요!"

똘비도 질세라 외쳤다.

"잠깐, 공정하게 제비뽑기로 하자."

명석 쌤이 종이 두 장을 꺼내 글자를 쓰고, 둘에게 건넸다.

"자, 펴 봐."

"CEO~!"

펭수가 외쳤다.

"아, 주주잖아! 나 주주!"

똘비가 울상을 지었다.

"좋아요, 펭 CEO와 똘 주주. 오늘의 회의를 시작하겠습니다!"

"첫 번째 안건입니다." 명석 쌤이 서류를 펼쳤다. "펭수 CEO가 경쟁사인 타 베이커리 브랜드의 덕후가 되었다는 논란이 제기되었습니다."

"오해입니다!" 펭수가 손을 내저었다. "다른 빵집 빵을 먹긴 했습니다. 하지만, 적을 알아야 이기죠! 맛을 비교하며 우리 빵의 경쟁력을 높이기 위해 억지로 먹은 겁니다!"

명석 쌤이 고개를 끄덕였다.

"적을 알고 나를 알면 백전백승이지."

"그렇죠!"

펭수가 당당히 말했다.

하지만 뚤비가 손을 들었다.

"잠깐만요, 문제는 '먹었다'가 아니라 '덕후가 되었다'는 겁니다. 이건 단순 비교가 아니라 신념의 문제예요."

명석 쌤은 고개를 끄덕이며 덧붙였다.

"지속적으로 적발되었다는 점이 문제군."

"그렇습니다."

뚤비가 고개를 끄덕였다.

"그건!" 펭수가 외쳤다. "회사 발전을 위한 전략적 시식이었다고요!"

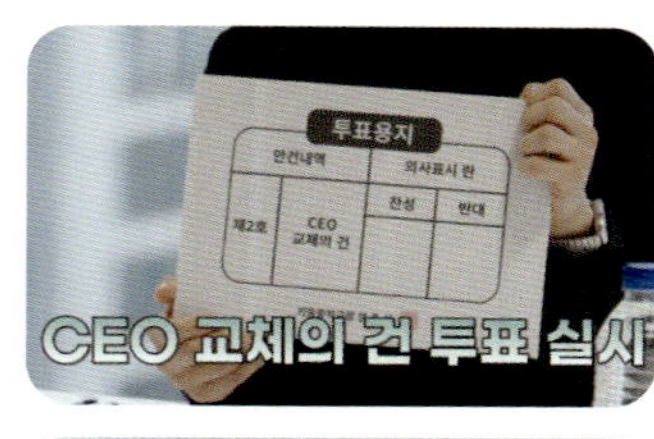

"좋아, 이제 CEO 교체 건에 관해 투표를 하겠습니다!"

펭수와 뚤비에게는 각각 투표용지가 주어졌다. 잠시 후, 명석 쌤이 말했다.

"지분 구조는 뚤비 주주가 70%, 펭수 CEO 30%야. 과연 결과는 어떨까? 일단 뚤비 것부터 볼까? 뚤비는 CEO 교체 찬성이네!"

펭수는 억울한 표정이었다. 명석 쌤이 다음 투표용지를 꺼내 들었다.

"그럼 펭수는…, 엥?! 펭수도 찬성이잖아?"

어리둥절한 쌤과 똘비를 향해 펭수가 단호한 한 마디를 던졌다.

"저 퇴사하겠습니다!"

"왜?"

"이 회사엔 미래가 없습니다. 저는 경쟁사로 가겠습니다."

"이 배신자!"

똘비가 울분을 터뜨렸다.

명석 쌤은 웃음을 참으며 말했다.

"사실 지금은 지분을 가지고 있는 둘 다, 그러니까 100%가 동의했기 때문에 의결권이 의미가 없어지긴 했어.

하지만 기억해 둘 점은 주주의 지분율, 즉 의결권이 회사의 방향을 결정할 수 있다는 거야. 이 경우엔 펭수가 거부해도 똘비의 의사대로 펭수를 CEO 자리에서 해임할 수 있는 거지."

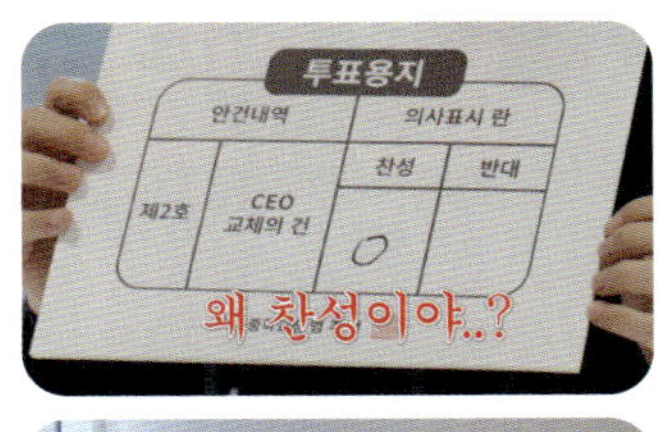

"다음 안건. 펭수 분식이 올해 무려 30억 원을 벌었대."

"30억이요?!"

두 새가 동시에 소리쳤다.

"이 돈을 배당금으로 나눠줄까, 아니면 신제품 개발에 투자할까?"

쌤의 질문에 똘비가 손을 들었다.

"배당이죠! 주주에게 돌려줘야죠!"

"아니요," 펭수가 맞받았다. "지금이 성장의 기회입니다. 연구 개발에 투자해야 합니다!"

"좋아, 이번에도 투표하자." 명석 쌤이 미소 지으며 말을 이었다. "결정권은 누가 더 많지?"

"70%를 가진 똘비요…."

펭수가 고개를 떨궜다.

"그래. 주주가 더 큰 지분을 가지고 있으면, 회사의 방향을 바꿀 수도 있어. 그게 바로 의결권의 힘이야."

펭수는 중얼거렸다.

"지분을 무시 못 하는구나…."

명석 쌤이 회의록을 정리하며 말했다.

"오늘 배운 것, 정리해 볼까?

첫째, 주주총회는 단순히 회의가 아니라 기업의 운명을 결정하는 자리야. 둘째, 지분이 많을수록 발언권과 결정권이 커진다는 점, 꼭 기억해."

펭수가 손을 들었다.

"명석 쌤, 저 이제 다시 CEO로 복귀하면 안 될까요?"

"회사는 이미 매각됐어."

"으아아아악!"

펭수의 외침이 회의실을 울렸다.

기업의 국회이자 최고 의사 결정 기구, 주주총회

66 지난 시간까지 재무제표로 좋은 기업을 찾는 법을 배웠어요. 그런데 여러분, 생각해 보세요. 좋은 기업을 찾았다면 그 회사가 앞으로 어떻게 운영될지 누가 결정할까요? 바로 주주들입니다! 이번 장에서는 주주들이 모여서 회사의 미래를 결정하는 특별한 모임, 주주총회에 대해 알아보겠습니다.

매년 봄, 전 세계 유명 기업들에서는 수천 명의 사람들이 한자리에 모이는 특별한 행사가 열립니다. 바로 그 기업의 주인들이 모여 회사의 운명을 결정하는 주주총회입니다.

주주총회란 무엇일까?

국가에서는 국민이 주인이죠? 국민의 대표들이 국회에 모여서 법을 만들고 중요한 결정을 합니다. 기업도 똑같습니다. 기업의 주인은 주주예요. 주주들이 일 년에 한 번 주주총회라는 곳에 모여서 회사의 중요한 일들을 결정하는 거죠. 국회가 나라의 최고 의사 결정 기구라면, 주주총회는 기업의 최고 의사 결정 기구랍니다.

이곳에서는 기업의 가장 중요한 결정들이 이루어집니다. CEO를 누구로 할지, 올해 이익을 어떻게 나눌지, 새로운 사업에 뛰어들지 말지 등 기업의 생사를 좌우하는 결정이 바로 이 자리에서 투표로 정해져요.

애플의 주주총회를 예로 들어 볼까요?

매년 3월경 온라인으로 열리는 이 행사2020년 이후 온라인으로 진행 중에는 전 세계에서 주주들이 인터넷으로 참여합니다. 2022년 팀 쿡 CEO는 총 보상으로 9,900만 달러, 그러니까 우리 돈으로 약 1,300억 원을 받았어요. 그런데 일부 주주들이 "너무 많다"며 반대 의견을 냈어요. 실제로 2021년에는 95%의 주주들이 그의 연봉에 찬성했지만, 2022년에는 64%로 찬성률이 급락했죠. 그 결과 팀 쿡이 스스로 연봉 삭감을 요청했고, 2023년에는 연봉을 40%나 줄여서 약 4,900만 달러약 606억 원로 조정했답니다. 주주들의 목소리가 CEO 연봉까지 바꿀 수 있다는 걸 보여 주는 사례예요.

주주총회는 보통 1년에 한 번 열리는 정기 주주총회와 긴급한 사안이 생겼을 때 열리는 임시 주주총회로 나뉩니다. 정기 주총은 주로 3월에 열려서 지난해 성과를 평가하고 올해 계획을 승인합니다. 한편, 회사 인수합병이나 대규모 투자처럼 급한 결정이 필요할 때는 임시 주총이 소집됩니다. 참고로, 주주총회를 줄여 '주총'이라고 표현하기도 합니다.

주주총회에서 결정되는 기업의 운명

주주총회에서는 구체적으로 어떤 일들이 결정될까요?

첫째, 경영진의 선임과 해임 169페이지 참고 입니다.

주주총회를 거쳐 회사를 실제로 운영하는 사람들, 그러니까 CEO나 이사들을 뽑거나 그만두게 할 수 있어요. 마치 학교에서 반장을 뽑는 것과 비슷하지만, 훨씬 더 중요한 결정이죠.

예를 들어 볼까요? 어떤 회사의 CEO가 회삿돈을 함부로 쓰거나, 경영을 잘못해서 회사에 손해를 입혔습니다. 이에 주주들이 '이 사람은 더 이상 CEO 자격이 없다'고 판단하면, 주주총회에서 투표를 통해 CEO를 바꿀 수 있습니다.

반대로 회사를 아주 잘 이끌고 있는 CEO라면 "계속 일해 주세요."라며 연임을 승인하기도 하죠. 이처럼 주주총회는 회사의 리더십을 결정

선임과 해임, 부결

- **선임** : 특정 직위나 직책에 새로운 사람을 선발하여 임명하는 것이다. 주주총회에서 이사를 뽑거나 감사를 지정하는 것이 대표적인 예이다.
- **해임** : 현재 맡고 있는 직위나 직책에서 강제로 물러나게 하는 것이다. 직무 수행이 부적절하거나 문제가 있을 때 주주총회 결의로 이사를 그만두게 하는 것이 해당된다.
- **부결** : 회의나 총회에서 제안된 안건을 승인하지 않고 거부하는 것이다. 찬성표가 과반수에 미치지 못해 의결안이 통과되지 않은 결과이다. ●

하는 가장 중요한 자리입니다. 회사의 미래가 누구 손에 맡겨질지를 주주들이 직접 결정하는 거예요.

둘째, 배당금 결정입니다. 기업이 1년 동안 번 돈을 주주들에게 얼마나 나눠줄지 정하는 것이죠.

앞서도 배웠듯, 이익이 발생하면 배당으로 주주들에게 나눠주거나 회사에 재투자할 수 있어요. 주주총회에서는 이 두 가지 선택지 사이에서 균형을 잡습니다. 주주들은 "올해는 배당을 얼마나 받을 수 있나요?"라고 물어보고, 경영진은 "이만큼 드리겠습니다. 나머지는 미래를 위해 투자하겠습니다."라고 설명하죠. 또, 어떤 주주들은 "당장 돈을 더 많이 나눠달라."고 요구하기도 하고, 어떤 주주들은 "새로운 공장을 짓거나 신

기술을 개발하는 데 투자하는 게 낫다.”고 주장하기도 합니다. 이런 토론을 거쳐 최종적으로는 투표로 결정하는 거예요.

셋째, 회사의 중대한 변화를 승인합니다.

회사가 큰 결정을 내려야 할 때가 있어요. 이럴 때는 반드시 주주들의 허락을 받아야 합니다. 다음과 같은 상황이 대표적입니다.

회사 합병 두 회사가 하나로 합쳐지는 거예요.

새로운 사업 시작 완전히 새로운 분야에 뛰어들 때도 주주들의 승인이 필요해요.

대규모 투자 수천억 원짜리 공장을 짓거나, 다른 회사를 인수하는 것처럼 큰돈이 들어가는 결정도 주주총회에서 승인받아야 합니다.

이런 중대한 결정들은 보통 ‘특별 결의’라고 해서, 일반적인 안건보다 더 많은 찬성이 필요해요. 주주 3분의 2 이상이 찬성해야 통과되는데, 이는 정말 중요한 일이기 때문에 더 많은 사람들의 동의를 얻으라는 의미입니다.

정기 주주총회는 1년에 딱 한 번 열리지만, 그곳에서 내려지는 결정들은 앞으로 1년, 아니 그보다 훨씬 긴 시간 동안 회사의 미래를 결정하게 됩니다. 주주들은 이 자리에서 회사의 주인으로서 가장 중요한 권리를 행사하는 거예요.

워런 버핏은 이렇게 말했어요.

"주식을 살 때는 그 회사 전체를 사는 마음으로 사라. 당신은 단순한 투자자가 아니라 그 기업의 주인이다."

실제로 버핏이 이끄는 회사인 버크셔 해서웨이의 주주총회는 '자본주의의 우드스톡콘서트 축제'이라 불릴 만큼 축제 분위기입니다. 전 세계에서 4만 명이 모여 6시간 동안 회사의 미래에 관해 토론합니다.

어떤 회사의 주주라면, 혹은 언젠가 주주가 된다면, 주주총회에 관심을 가져 보세요. 직접 참석하기 어렵다면 전자투표나 서면투표로도 의사를 표현할 수 있습니다.

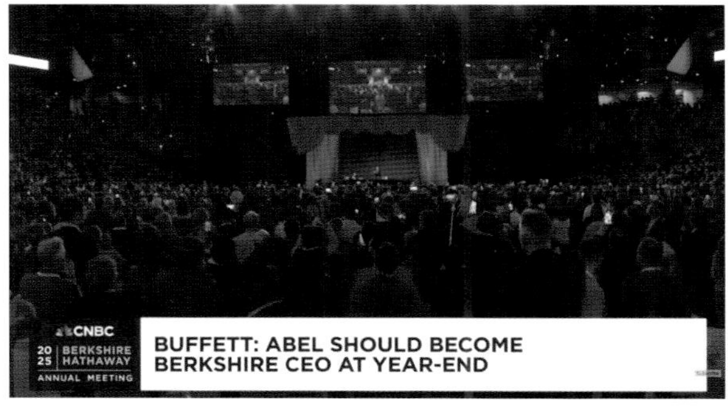

2025년 버크셔 해서웨이 주주총회가 열리는 모습. 옆의 QR을 스캔하면, 마치 축제와 같은 주주총회 현장의 생중계 영상을 감상할 수 있다.
(출처 : CNBC Television 유튜브 채널 캡처)

기업의 주인이 되는 비율의 게임, 지분율과 의결권

❝ 주주총회에서 주주가 행사하는 가장 강력한 무기는 바로 의결권입니다. 이는 민주주의의 투표권과 같은 개념인데, 한 가지 다른 점이 있어요. 일반적인 선거에서는 1인 1표를 행사하지만, 주주총회에서는 보유한 주식 수만큼 투표권을 갖는답니다.

즉, 어떤 회사의 주식을 100주 가진 사람은 100표를, 1,000주 가진 사람은 1,000표를 행사할 수 있어요. 이것을 지분율이라고 부르는데, 전체 주식 중 몇 퍼센트를 소유하고 있는지를 나타냅니다.

지분율 : 회사를 얼마나 소유하고 있는가

주식을 산다는 것은 그 회사의 일부를 산다는 의미죠. 그렇다면 내가 회사의 얼마만큼을 소유하고 있는지 어떻게 알 수 있을까요? 지분율을 계산해 보면 됩니다!

지분율 계산은 간단합니다. '내가 보유한 주식 수'를 '기업이 발행한 전체 주식 수'로 나누고 100을 곱하면 끝! 하지만 이 단순한 숫자가 기업의 운명을 결정하는 중요한 역할을 한답니다.

1주 1표의 원칙

학급 회장을 뽑을 때는 누구나 한 표씩 투표하죠? 학급의 구성원이라면 모두가 똑같이 한 표를 가져요. 나라의 선거도 마찬가지고요. 이게 바로 민주주의입니다.

그런데 회사는 좀 달라요. 주주총회에는 '1주 1표' 원칙이라는 게 있거든요. 주식을 많이 가진 사람이 더 많은 투표권을 갖는 것이죠. 왜 그럴까요? 주식 회사는 주주가 투자한 금액만큼 위험을 부담하는 곳이기 때문이에요. 더 많이 투자한 사람은 회사가 잘되면 더 많은 이익을 얻지만, 잘못되면 더 큰 손실을 입어요. 그래서 투자 규모에 비례해서 경영 결정에 참여할 권한도 커지는 것이죠.

어떤 회사의 전체 주식이 1,000주이고, A가 300주, B가 100주, C가 50주를 갖고 있다면, 각각의 지분율과 의결권은 다음과 같습니다.

- A : 지분율 30%, 의결권 300표

- B : 지분율 10%, 의결권 100표

- C : 지분율 5%, 의결권 50표

CEO를 선출하는 투표가 있다면, 이 중 누가 원하는 CEO가 뽑힐 확률이 높을까요? 바로 A입니다. A의 300표가 B와 C를 합친 150표보다 두 배나 많으니까요. 이것이 바로 대주주의 힘이죠.

그런데 흥미로운 점은 과반수인 51%만 확보해도 회사를 지배할 수 있다는 것입니다. 나머지 49%가 반대해도 51%의 찬성으로 대부분의 안건을 통과시킬 수 있기 때문인데요, 이를 '경영권 확보'라고 부른답니다.

권리가 클수록 책임도 크다

지분율이 높다는 것은 단순히 투표권이 많다는 의미가 아니에요. 앞서 말했듯이, 회사가 잘되면 그만큼 많은 이익을 가져가지만, 망하면 그만큼 큰 손실을 보게 됩니다.

2008년 리먼 브러더스 Lehman Brothers라는 세계적인 금융 회사가 파산했을 때, CEO 리처드 펄드는 그 자신이 보유하고 있던 회사 지분만

1,000억 원 이상을 잃었어요.

그런가 하면, 칼 아이칸이라는 투자자는 2013년 애플에 투자했습니다. 당시 그의 지분율은 1% 미만이었지만, 이는 일반 주주에 비해 매우 큰 지분이었어요. 그는 이처럼 커다란 지분을 바탕으로 수익을 높이기 위한 행동을 했어요. 경영진에게 대규모 자사주 매입_{회사가 주식을 주주로부터 다시 사들이는 것으로, 자사주 매입을 하면 대개 주가가 상승하는 경향이 있음}을 요구하며 영향력을 행사한 거죠. 칼 아이칸은 이후 약 3년 만인 2016년에 애플 주식을 모두 팔면서, 2조 원_{약 20억 달러} 이상의 엄청난 수익을 올렸습니다.

지분율은 특히 창업자들에게 중요한데요, 이유가 뭘까요? 스티브 잡스는 1985년 애플에서 쫓겨났을 때 지분율이 약 11%밖에 되지 않았어요. 자신이 만든 회사인데도 다른 주주들이 더 많은 지분을 가지고 있었기 때문에 경영권을 빼앗긴 것이죠. 그래서 창업자들은 회사를 키우면서도 자신의 지분율을 지키려고 엄청나게 노력한답니다.

반면 마크 저커버그는 메타 플랫폼스_{구 페이스북} 지분 약 13%를 갖고 있지만, 1주당 10표의 의결권을 가진 특별 의결권 주식_{Class B 주식}이란 것을 가지고 있어요. 그래서 전체 의결권의 절반 이상을 행사할 수 있죠. 이런 구조 덕분에 그는 지분율은 낮아도 회사를 완전히 통제하고 있습니다. 지분율이 낮아도 의결권을 지키는 똑똑한 방법이죠.

내가 주주라면, 어떤 선택을 할까?

당신은 '펭수푸드'라는 회사의 주주예요. 이 회사는 올해 이익을 많이 냈습니다.
이제 주주총회가 열리고, 두 가지 안건이 올라왔습니다.

안건1 이익의 절반을 배당금으로 나누자.

안건2 이익 전액을 신제품 개발과
공장 확장에 투자하자.

그런데 당신의 지분율은 단 5%, 대주주 똘비는 무려 60%의 지분을 가지고 있어요.
당신이라면 배당금과 재투자 중 어떤 쪽을 선택할까요? 또, 대주주인 똘비가 다른 주주들
의 의견을 무시하고 독단적으로 결정한다면 어떻게 해야 할까요?

더 알아볼 것 & 생각해 볼 점

- 권리(의결권·배당)와 책임(손실 감수)을 나란히 적어 보자.
- CEO 연봉을 조정한 애플 주주총회와 같은 현실 사례를 찾아보자.
- 소액주주들이 함께 목소리를 내는 행동주의 투자 등에 관해 알아보자.

활동지 작성 TIP 이 사고실험의 핵심은 "주식은 단순히 돈을 버는 종이가 아니라, 회사의 미래를 함께
결정하는 권리이자 책임"임을 이해하는 데 있습니다. 지분율이 권력뿐 아니라 책임의 비율이라는 점을
인식하며, "나는 어떤 방식으로 내 한 표를 행사할 것인가"를 스스로 고민하는 것이 중요합니다.

내 한 표가 회사를 바꾼다

"주식을 가진다는 건, 돈만 버는 게 아니라 회사의 주인이 되는 거군요.
저도 회사를 움직이는 한 표를 행사해 보겠습니다!"

1단계 : 나의 가상 회사 설정

직접 가상의 회사를 하나 만들어 보세요.

- 회사이름 ___________________   • 주식총수 ___________주
- 내가 가진 주식 수 ___________주
- 나의 지분율(%) = (내 주식 ÷ 전체 주식) × 100 = ___________%

☞ 질문 : ❶ 나는 회사의 몇 퍼센트를 소유하고 있나요?

  ❷ 이 회사에서 내 의견이 얼마나 영향력을 가질까요?

2단계 : 주주총회 안건 결정하기

주주총회에서 결정할 안건을 만들어보고, 그 중 하나를 선택해 보세요.

1 안건 1 : ____

2 안건 2: ____

- 내 선택은?   □ 안건 1   □ 안건 2
- 그 이유는? ____

3단계 : 의결권 행사 시뮬레이션

주주 이름	보유 주식 수(주)	지분율(%)	투표 결과
_______ (나)			☐ 찬성 ☐ 반대
주주 A			☐ 찬성 ☐ 반대
주주 B			☐ 찬성 ☐ 반대

질문 : ❶ 다수결로 어떤 안건이 통과되었나요?

❷ 내가 가진 의결권의 크기는 결과에 어떤 영향을 주었나요?

4단계 : 지분율의 힘과 책임

1 만약 내 지분율이 _____%라면,

- 회사가 잘되면 이익의 ________%를 받지만
- 회사가 망하면 손실의 ________%를 감수해야 한다

2 지분율이 높을수록 권리는 _____지고, 책임도 _____진다.

3 주주의 다짐 한 줄 쓰기

"나는 주주가 된다면 ____________________ 주주가 될 것이다."

(예: 단기 이익보다 회사를 오래 키우는 주주 / 사회적 책임을 지는 주주 등)

CHECK POINT!

☐ 지분율이 높을수록 권리와 책임이 함께 커진다는 걸 이해했는가?

☐ 한 표만으로도 회사의 미래를 바꿀 수 있다는 걸 느꼈는가?

정답 : **4단계 1** 동일한 숫자, 예를 들어, 지분율이 5%면 아래도 모두 5%이다. **2** 커 / 무거워

주식 시장을
움직이는 주인공들

▷ 이번 시간
유튜브 영상 보기

“자, 이제 주식 시장을 본격적으로 알아보자.” 명석 쌤이 말했다. “일단, 주식을 사고팔려면 어떤 주체가 필요할까?”

“기업이요!”

똘비가 손을 번쩍 들었다.

“오, 뭐야! 똘비가 먼저 맞혔네?”

역시, 오늘도 타율이 좋은 똘비다.

명석 쌤이 미소를 지었다.

“기업이 투자자를 모집해서 ‘앞으로 이만큼의 수익을 돌려드리겠습니다.’ 하는 약속 증서를 발행하는 게 바로 주식이야. 그래서 기업이 필요하지. 자, 그럼 거래를 하려면 또 누가 필요할까?”

“거래요? 거래는 시장에서 하잖아요!”

펭수가 대답했다.

“정답! 정확히는 거래소. 주식은 기업과 투자자가 거래소를 통해 사고팔게 돼. 그리고 그 중간에서 연결을 돕는 기관이 바로 증권사, 즉 우리가 지금 와 있는 ‘키움증권’이지. 자, 이제 매수와 매도 개념도 알아야겠지?”

“사는 건 매수, 파는 건 매도요!”

똘비가 또 맞혔다.

“와, 완벽하다.”

명석 쌤이 감탄했다.

"뭐야?! 왜 이렇게 잘 알아?"

펭수의 말에 뚈비가 어이가 없다는 듯 대꾸했다.

"…중학교 와서 다 배운 거잖아요."

지켜보고 있던 명석 쌤이 웃음을 터뜨렸다.

"시장도 알았으니, 이제 실전에 들어갈 때가 됐어."

"실전이요?"

쌤의 말에 펭수가 눈을 반짝였다.

"그래, 투자 동아리에 들어가야지."

"와, 그런 게 있었어요?"

"물론이지. 미래 경제 꿈나무 투자 동아리!"

명석 쌤이 동아리 가입 신청서를 꺼냈다.

"근데 그냥 들어가면 재미없잖아. 면접을 봐야지."

"들어오라더니 왜 또 면접이에요?"

펭수가 불만스럽게 중얼거렸다.

"안녕하십니까!"

펭수와 뚈비가 동시에 문을 열고 들어왔다.

똘비가 기세등등하게 외쳤다.

"좋아, 면접은 기세야!"

"두 분, 이 자리에 왜 왔는지 알고 있습니까?"

쌤의 물음에 똘비가 큰소리로 답했다.

"투자 동아리 면접을 보러 왔습니다!"

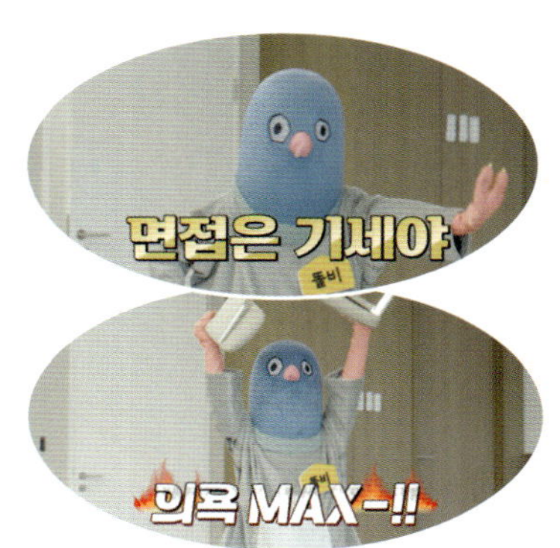

"좋아. 그럼 첫 번째, 창의성 영역!"

"창의성?"

펭수와 똘비가 동시에 되물었다.

"우리 투자 동아리의 이름을 한번 지어 보세요."

똘비가 먼저 대답했다.

"저는 요즘 핫한 이름, '벌쓰모!' 하겠습니다."

"펭수는?"

"저는 '버핏 챌린지'요! 워런 버핏을 넘어서기 위한 도전!"

"좋아, 의욕은 만점! 그럼 두 번째, 인성 평가입니다. 서로의 장점을 하나씩 말해 보세요."

펭수는 머리를 긁적였다.

"상당히 면접 난이도가 높군요."

똘비가 먼저 입을 열었다.

"펭수 선배의 장점은…, 머리가 진짜 커요."

"그게 장점인가요?"

"그럼요. 머리가 크면 그만큼 뇌가 크다는 뜻이잖아요. 대뇌! 대두 아니고 대뇌!"

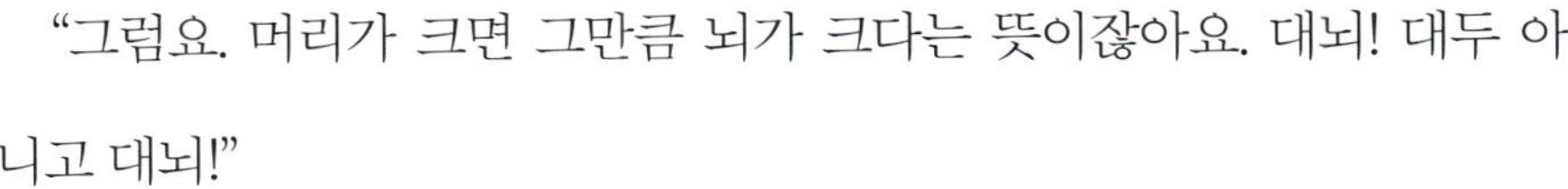

펭수가 헛기침을 하며 말했다.

"똘비는 부리가 예쁩니다. 냄새를 잘 맡아요. 특히 돈 냄새요."

펭수의 말에 명석 쌤이 웃으며 덧붙였다.

"투자 감각이 뛰어나다는 이야기로군."

드디어 면접의 마지막 항목. 쌤이 말했다.

"그럼 마지막으로 포부를 말해 보세요."

"저는 이 동아리에 들어가 부자가 되겠습니다! 성공하면 피자 쏠게요."

호기롭게 약속하는 똘비에 이어, 펭수도 질세라 말했다.

"저는 이 회사의 사장님을 대신하겠습니다!"

명석 쌤이 화들짝 놀랐다.

"아니, 왜 사장님을 끌어내리려고 그래?"

"내린다기보다…, 올라가겠다는 뜻입니다!"

명석 쌤이 울음인지 웃음인지 모를 소리를 터뜨렸다.

"푸하, 좋아! 열정은 인정~! 자, 그럼 결과를 발표하겠습니다."

쌤은 긴장감을 자아내듯 천천히 입을 열었다.

"만점을 받은 지원자는…, 똘비!"

"예상했어요."

똘비가 여유 있게 웃었다.

"하지만 펭수도 1점 차로 합격!"

"휴, 살아남았다!"

"두 사람 모두 환영한다. 이제부터 우리, 진짜 투자를 시작해 봅시다!"

"화이팅!"

펭수와 똘비가 외치며 손을 맞잡았다.

주식 시장의 주인공, 시장 참여자들

❝ 자, 그럼 많은 우량 기업들이 실제로 활동하는 거대한 경제 무대로 시선을 돌려볼까요? 바로 '주식 시장'입니다. 앞서 두 번째 수업 시간에 코스피, 코스닥, 나스닥 등 주식 시장의 다양한 지수들을 배웠죠. 이번 시간에는 실제 주인공들이라 할 시장 참여자들에 관해 알아보겠습니다.

기업 : 주식 발행자

2012년 페이스북의 창업자이자 CEO였던 마크 저커버그는 중요한 결정을 내렸습니다. 페이스북을 주식 시장에 상장하기로 한 것입니다. 페이스북의 서비스를 전 세계로 확장하려면 막대한 자금이 필요했거든요. 데이터센터 건설에 100억 달러, 인스타그램 인수에 10억 달러, 왓츠앱 인수에 190억 달러 등. 이런 돈을 어디서 구할까요? 은행에서 빌리면 매년 수천억 원의 이자를 내야 하고, 갚을 날짜도 정해져 있습니다. 부담이 너무 크죠.

그래서 페이스북은 주식을 발행했습니다. "우리 회사의 일부를 사세요. 함께 성장하면 이익을 나누겠습니다."라고 제안한 거예요. 2012년 5월 18일, 페이스북은 주당 38달러에 4억 2,100만 주를 팔아 160억 달러약 20조 원를 확보했습니다. 이 돈으로 페이스북은 지금의 메타 플랫폼스로 진화했고, 시가총액 1,000조 원이 넘는 거대 기업이 되었어요.

이처럼 사업을 확장하거나, 신제품을 개발하기 위해서는 엄청난 돈이 필요해요. 그래서 많은 기업들이 주식 시장에 상장해서 주식을 팔아 필요한 자금을 마련합니다.

카카오뱅크 또한 2021년 상장을 통해 2조 5,500억 원을, 쿠팡은 뉴욕 증시 상장으로 5조 1,700억 원을 모았죠. 이렇게 모은 돈으로 기업은 더 크게 성장할 수 있답니다.

투자자 : 기업의 동반자이자 공동 주인

투자자는 주식을 사는 사람들인데, 크게 세 가지로 나뉩니다. 우리 같은 일반 사람들인 개인 투자자, 국민연금이나 보험회사 같은 기관 투자자 그리고 외국인 투자자가 있어요.

개인 투자자 주식, 채권, 펀드 등에 개인 명의로 투자하는 일반 투자자예요.

기관 투자자 대규모 자금을 운용하는 법인이나 단체입니다. 연기금·보험회사·자산운용사·은행·증권사 등이 해당되며, 막대한 자금력으로 시장에 큰 영향을 미쳐요.

외국인 투자자 국내 시장에 투자하는 해외 국적의 투자자예요. 외국의 개인 투자자와 기관 투자자를 모두 포함하며, 주로 외국계 자산운용사·헤지펀드·연기금 등이 대표적입니다. 환율 변동과 국제 경제 상황에 민감하게 반응하는 경향이 있어요.

2021년 코로나19로 주가가 폭락하자 개인 투자자들이 대거 주식을 사들였어요. 3개월 동안 65조 원어치를 순매수_{순수한 매입금액, 매수한 금액이 매도}

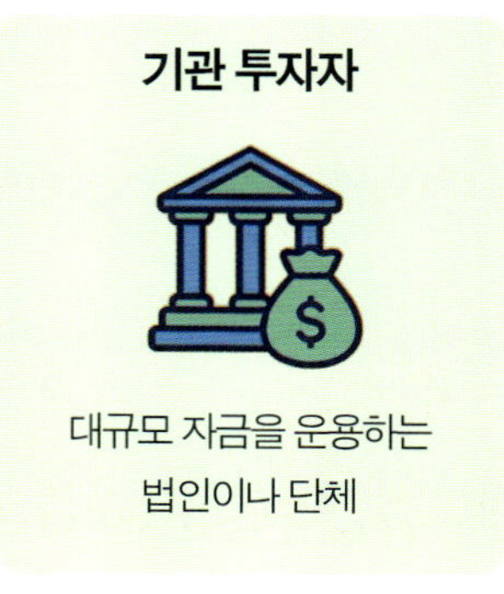

그림 9 주식 투자자의 분류

한 금액보다 많은 상태했죠. 덕분에 한국 증시는 세계에서 가장 빠르게 회복했고, 많은 개인 투자자들이 수익을 냈습니다. 이런 현상을 두고 '동학 개미 운동'이라고 했는데요, 개인 투자자를 흔히 '개미 투자자'라고 부르기 때문이에요.

현재 한국의 개인 투자자는 1,400만 명이 넘는데2024년 말 기준, 이는 우리나라 성인 3명 중 1명꼴로 주식 투자를 하고 있다는 뜻이랍니다.

거래소 : 공정한 거래의 심판자

거래소는 주식을 안전하게 거래할 수 있도록 만든 공식 시장입니다. 세계 각국에는 저마다의 거래소가 있어요. 우리나라에는 한국거래소가

KRX(한국거래소) 홈페이지 www.krx.co.kr

펭수야~ 학교 가자! 2

있고, 미국에는 뉴욕증권거래소와 나스닥이, 일본에는 도쿄증권거래소가, 영국에는 런던증권거래소가 있죠.

거래소는 여러 가지 중요한 일을 합니다. 먼저 상장 심사를 하는데, 기업이 거래소에 입장하려면 일정한 기준, 말하자면 매출이나 이익, 투명성과 같은 기준들을 통과해야 해요. 그리고 가격 결정도 하는데, 사려는 사람과 팔려는 사람의 주문을 모아서 적정한 가격을 만들어 줍니다. 또 불공정 거래나 이상한 움직임을 감시해서 투자자를 보호하는 시장 감시자 역할도 하죠.

한국거래소는 코스피와 코스닥 100~102페이지 참고 을 운영해요. 시장의 정규 거래 시간은 평일 오전 9시부터 오후 3시 30분까지로, 이 시간에 가장 활발하게 주식이 거래된답니다.

증권사 : 투자자와 거래소를 잇는 다리

증권사는 투자자와 거래소를 연결하는 중개인 역할을 해요. 증권사의 프로그램에서 매수 버튼을 누르면, 증권사가 한국거래소에 투자자 대신 주문을 전달하는 거죠.

증권사는 주문 중개 외에도 투자자의 돈과 주식을 안전하게 보관하고 관리하는 계좌 관리 업무를 합니다. 그리고 기업 분석 리포트나 시장 전망 같은 유용한 정보를 제공하기도 해요.

그림 9 주식 시장 생태계의 선순환

투자는 기업과 함께 미래를 만들어 나가는 것

66 2007년 아이폰이 처음 세상에 등장했습니다. 그러자 스마트폰이 세상을 바꿀 것이라고 믿었던 많은 사람들이 애플 주식을 샀어요. 그 후 아이폰을 선두로 한 스마트폰은 주머니 속 컴퓨터로써 인류의 삶을 완전히 바꿨고, 그 변화에 동참한 투자자들은 엄청난 수익을 얻었습니다.

하지만 돈보다 더 중요한 것이 있어요. 그들의 투자 덕분에 애플이 아이패드를 만들고, 애플워치를 개발하고, 비전 프로를 선보일 수 있었다는 사실이죠! 투자자들이 미래를 함께 만든 것이에요.

주식을 산다는 것은 그 회사의 꿈에 돈을 거는 것입니다. 기업의 비전에 동의하거나 감동해서, 혹은 그 비전을 응원하기 때문에 자본을 제공하는 것이에요. 그래서 진정한 투자자는 주가 그래프보다 그 회사가 만드는 제품을, 숫자보다 그들이 추구하는 가치를 먼저 봅니다.

좋은 기업을 응원하는 힘, ESG 투자

최근에는 단순히 돈을 많이 버는 기업보다 좋은 기업에 투자하는 사람들이 늘고 있어요. 이를 'ESG 투자'라고 해요.

E는 환경Environmental으로, 탄소 배출을 줄이고 재생에너지를 사용하는 기업을 말해요. S는 사회Social로, 직원을 존중하고 사회에 이바지하는 기업입니다. G는 지배구조Governance로, 투명하고 공정하게 운영되는 기업을 뜻하죠.

아웃도어 브랜드 파타고니아는 2022년 놀라운 결정을 했습니다. 창업자인 이본 쉬나드가 약 4조 원 가치의 회사를 환경단체에 기부한 거예요! "지구가 우리의 유일한 주주다."라고 선언하며 모든 이익을 기후변화 대응에 쓰기로 했죠.

이후 많은 소비자들이 이런 기업을 응원하고 싶다며 파타고니아 제품을 선택했답니다.

이와 같은 맥락에서, 주식 시장에 참여한다는 것은 우리가 믿는 미래에 투표하는 행위라는 걸 기억해야 해요. 전기차 회사에 투자하면 깨끗한 공기의 미래를, 재생에너지 회사에 투자하면 지속 가능한 에너지의 미래를 응원하는 것이죠.

만약 여러분이 즐겨 하는 게임을 만드는 회사의 주식을 산다면, 그 회사가 더 재미있는 게임을 개발하도록 돕는 것입니다. 여러분이 좋아하는 음악을 만드는 엔터테인먼트 회사에 투자한다면, 그 회사가 더 좋은 아티스트를 발굴하고 멋진 콘텐츠를 만들도록 응원하는 거예요.

여러분이 투자한 돈이 모여 기업이 성장하고, 그 기업이 만드는 제품과 서비스가 세상을 바꿉니다. 이것이 바로 시장 참여의 힘이랍니다.

진정한 투자자는 주가 차트만 보는 사람이 아니에요. 그 회사가 만드는 제품을 써보고, 직원들이 행복한지 살펴보고, 사회에 어떤 기여를 하는지 관찰하는 사람이죠. 그래서 투자를 공부라고 하는 것입니다. 세상이 어떻게 돌아가는지, 미래가 어떻게 변할지 끊임없이 배우는 과정이 바로 투자인 거죠.

여러분이 좋아하는 게임을 만드는 회사, 맛있는 음식을 파는 회사, 멋진 옷을 만드는 회사가 있을 거예요. 이 회사들이 어떻게 돈을 벌고, 어떤 가치를 추구하는지 관심을 가져 보세요. 그것이 바로 투자 공부의 시작입니다.

2050년의 세상에 투자하라

똘비가 신기한 타임머신을 가져왔어요. 이 기계는 단 한 번, 단 하루 미래로 갈 수 있는 능력이 있대요. 미래로 가면 '어떤 기업이 세상을 바꿨는지'를 직접 보고 올 수 있죠.

자, 여러분은 이 타임머신의 탑승권을 한 장 받았습니다.

조건은 단 하나! 미래에서 보고 올 수 있는 기업은 오직 한 곳뿐이에요.

여러분은 다음 중 어떤 회사에 투자하겠습니까?

그린에너지 기업	석유를 완전히 대체한 태양광·수소 기술 기업
인공지능 기술 기업	인공지능으로 도시를 운영하는 기업
우주 탐사 기업	달과 화성에 식민지를 세운 우주 탐사 기업
헬스케어 기업	노화를 멈추는 기술을 개발한 바이오 기업

 더 알아볼 것 & 생각해 볼 점

- 내가 투자하고 싶은 기업은 어떤 가치를 만들고 있을까?
- 투자를 통해 내가 바꾸고 싶은 '2050년의 세상'은 어떤 모습인가?
- 만약 2050년에 내 선택이 틀렸다면, 그 이유는 뭘까?

활동지 작성 TIP 이 사고실험의 목적은 투자를 '자신이 믿는 가치와 미래를 선택하는 행위'로 인식하는 데 있습니다. 활동지를 작성할 때는 '어떤 세상을 만들고 싶은가'에 초점을 두고 상상하며 구체적으로 표현해 보세요.

나는 주식 시장의 주인공!

"이제 알겠어요! 기업, 투자자, 거래소, 증권사가 주식 시장을 움직이는군요." "맞아. 이 주인공들이 없으면 시장은 단 1초도 돌아가지 않아."

"그럼 우리도 각자 역할을 맡아서 진짜 시장을 만들어 볼까요?"

1단계 : 역할 선택하기

다음 중 한 가지 역할을 골라 보세요.

역할	하는 일	한 줄 요약
기업	새로운 사업을 위해 주식을 발행하고 자금을 모음	"돈이 필요해요!"
투자자	주식을 사서 기업의 성장을 함께함	"좋은 회사에 투자하자!"
거래소	주식 거래를 공정하게 관리하고 감시함	"시장 질서를 지키는 심판!"
증권사	투자자와 거래소를 연결하는 중개자	"사고파는 다리를 놓아요!"

내가 맡은 역할 : _______________________

2단계 : 역할 속으로 들어가기

아래 질문에 내 역할의 입장에서 답해 보세요.

1 나는 시장에서 어떤 일을 하나요?

- ____

2 내 입장에서 가장 중요한 것은 무엇인가요?

* ____

3 나의 역할이 사라진다면 주식 시장은 어떻게 될까요?

* ____

4 나와 가장 밀접하게 연결된 다른 주체는 누구일까요?

* ____

3단계 : 관계 이해하기

아래 빈칸을 채워, 주식 시장에서 각 주체가 어떤 관계로 연결되는지 표현해 보세요.

기업 → (   ) → 거래소 → (   ) → 기업

☞ 힌트 : 투자자와 증권사가 어디에 들어가는지 생각해 보세요!

4단계 : 나의 투자 다짐

이제 시장의 한 주체로서 한 문장으로 다짐해 보세요.

"나는 주식 시장 안에서 _______________________ 이/가 되겠다."

☞ 힌트 : 정직한 기업 / 신중한 투자자 / 공정한 심판 / 믿음직한 중개자 등

✔ CHECK POINT!

☐ 각 주체가 서로 어떻게 연결되는지 이해했는가?

☐ 나의 역할을 시장 전체의 시각으로 바라보았나?

투자자의 세 가지 무기를 장착하자!

네 번째 수업

첫 번째 무기 :
공시, 중요한 정보
여기 다 있다!

▷ 이번 시간
유튜브 영상 보기

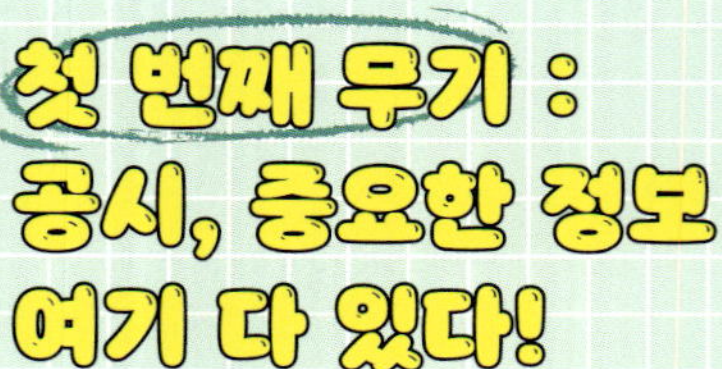

키움증권 회사 안. 익숙한 로고가 반짝이는 로비로 들어선 펭수와 똘비가 주변을 두리번거렸다.

"오늘 우리한테 줄 게 있다고 했는데?"

펭수가 슬쩍 말하자, 똘비도 기대에 찬 얼굴로 맞장구쳤다.

"저도요! 선물 같은 거면 좋겠다."

"아니야." 펭수가 고개를 저었다. "선물 느낌이 아니야. 이런 날은 꼭 임무를 주는 거라니까."

그 말이 끝나자마자―,

"안녕하세요."

둘의 뒤쪽에서 불쑥, PD가 튀어나왔다.

"PD님! 오늘은 또 우리한테 무슨 숙제를 주시려고요?"

"오늘은 특별 미션이 있어요." PD가 의미심장하게 말했다. "두 분이 경제 뉴스 앵커를 맡아야 합니다."

"뉴스요?"

펭수가 깜짝 놀라서 말했다.

똘비는 더 놀란 눈치였다.

"저는 사고 안 쳤는데요…, 뉴스에 나오고 싶은 생각은 없는데요…."

"사건 당사자로 출연이 아니라 뉴스 브리핑을 하는 거예요. 자, 올라가

볼까요?”

　　PD가 웃으며 손짓했다.

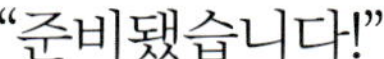

　　촬영 스튜디오 안. 밝은 조명이 켜졌다.

　　여의도의 풍경을 비추는 대형 스크린 앞
에 선 펭수가 양팔을 들어올리며 말했다.

　　“준비됐습니다!”

　　뚤비도 옆에서 고개를 끄덕였다.

　　“선배님, 먼저 모범을 보여 주시죠!”

　　드디어 뉴스가 시작됐다.

　　화면 하단에 자막이 떴다.

　　“튼튼제약, 펫 헬스케어 시장 진출.”

　　펭수가 의젓한 목소리로 뉴스 대본을 읽기 시작했다.

　　“전문가들은 반려동물 시장이 확대되면서 펫 의료 서비스 수요가 증
가할 것으로 예상된다며 곤경, 아니, 곤격, 공경…, 아이씨…”

　　펭수가 단어를 버벅댈 때, 뒤에서 명석 쌤이 나타나 큰 소리로 말했다.

　　“좋았어, 좋았어! 우리 펭수, 느낌 있어! 후배로 들어와도 되겠네!”

쌤의 등장에 펭수는 반가워했지만, 똘비는 고개를 갸웃하며 불만스러운 표정이었다.

"전 잘 모르겠어요. 뉴스가 저랑 안 맞아요."

"왜?"

"제가…, 정보가 없어요."

"제작진이 정보를 주잖아!"

펭수는 면박을 주듯 말했지만, 의외로 쌤은 손뼉을 치며 똘비의 말에 호응했다.

"아주 좋은 포인트야. 정보가 없으니, 정보를 알아내야겠지? 그래서 오늘 우리가 배울 것은 바로 공시야."

"공시요…? 처음 들어보는 말인데요?"

두 새의 눈이 반짝이기 시작했다.

"공시란, 기업이 '우리는 이런 결정을 했습니다.'라고 공식적으로 발표하는 정보야." 명석 쌤이 말했다. "방금 뉴스처럼, 튼튼제약이 펫 헬스케어 시장에 진출했다는 것도 공시 내용이지."

"그럼 기업 성적표도 볼 수 있겠네요?"

똘비가 아는 척하며 끼어들었다. 쌤은 은근 놀란 눈치였다.

"오, 맞아! 재무제표도 공시를 통해 확인할 수 있어."

그때, 셋의 뒤편에 있던 대형 스크린의 화면이 바뀌었다. 명석 쌤이 화면을 가리키며 말했다.

"이게 바로 금융감독원 전자공시시스템이야. 흔히 '다트DART'라고 부르지. 다트에서 기업 이름만 검색하면 공시를 다 볼 수 있어."

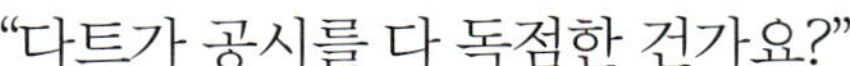

"꿀팁이네요! 좋은 정보 감사합니다!"

펭수가 손뼉을 쳤다. 반면 뚝비는 팔짱을 끼며 삐딱한 표정을 지었다.

"다트가 공시를 다 독점한 건가요?"

"아니야, 아니야."

명석 쌤이 웃으며 설명했다.

"한국거래소에도 공시 시스템이 따로 있고, 각 기업 홈페이지에 올라오는 공지도 '공시'야. 증권사 프로그램이나 어플을 통해서도 내가 투자한 회사의 중요한 공시를 빠르게 받아볼 수 있어."

"간편하군요."

펭수가 감탄했다.

명석 쌤이 두 손을 모으며 말했다.

"그럼, 이제 공시를 투자에 활용하는 방법을 알려줄게. 공시는 우선 중요한 이벤트를 확인하는 데 쓰여. 예를 들어, 펭수가 CEO에서 사퇴했다거나―.”

“네?”

“뚤비가 새 CEO가 됐다거나!”

“주가 상승!”

뚤비가 외쳤다.

“바로 그런 중요한 소식들이 공시로 올라와. 투자자들은 그걸 보고 ‘호재인지, 악재인지’를 판단할 수 있지.”

“재무 상황을 판단할 때도 공시가 쓰여. 재무제표도 공시로 공개되니까, 이 기업이 돈을 적절하게 잘 쓰는지, 부채가 많은지, 성장하고 있는지를 빠르게 알 수 있어.”

“역시…! 정보가 돈이 되는 세상이군요.”

펭수가 중얼거렸다.

명석 쌤이 고개를 끄덕였다.

“그래서 우리가 오늘 배운 건 단순 뉴스 읽기가 아니야. 공시를 통해 시장을 읽는 법을 배운 거지. 공시 같은 중요 정보를 적시에 제대로 파악하는 능력은 투자에 있어 든든한 무기가 되어 준단다.”

정보 파악은 투자 성공의 첫 번째 조건!

  투자가 그저 운에 기대서 돈을 넣고 기다리는 행위가 아니라는 건 여러분도 이제 정말 잘 알 것입니다. 그렇다면, 투자란 무엇일까요?

저는 투자를 '정보를 정확히 파악하고 분석하여 미래를 예측하는, 아주 논리적이고 지적인 행위'라고 표현하고 싶습니다.

새로운 비디오 게임을 시작한다고 상상해 보세요. 공략집이나 가이드를 전혀 읽지 않은 채, 소문으로만 들은 아이템을 무작정 따라 산다면 어떻게 될까요? 아마 실패하거나 시간을 낭비할 확률이 높겠죠.

주식 투자 역시 마찬가지입니다. 기업의 상태, 계획, 위험 요소를 정확히 모른 채 투자를 하는 것은 게임 공략집 없이 무작정 시작하는 것과 같아요.

정보를 아는 것이야말로 불필요한 위험을 줄이고, 나아가 큰 기회를 포착할 수 있는 가장 강력한 무기입니다. 그리고 '공시'에는 투자를 더 똑똑하고 현명하게 만들어 줄 매우 중요한 정보들이 담겨 있답니다.

눈 감고 하는 투자 vs. 투명한 정보의 힘

앞서 재무제표를 통해 기업의 건강 상태를 진단하는 방법을 배웠어요. 기업의 실적과 재산 규모를 아는 것은 투자 결정의 기초가 되죠. 그런데 여기에는 한 가지 전제가 필요합니다. 재무제표라는, 회사의 재정 상태와 관련된 공식적인 문서를 우리가 볼 수 있어야 해요.

우리 집 가계부나 내 용돈 기입장을 누군가에게 보여 주기 싫듯, 회사도 마찬가지일 거예요. 그렇다면 이런 민감한 정보를 대체 어떻게 얻을 수 있을까요?

정답은 '공시'입니다. 공시 제도 덕분에 우리는 주식 시장에 존재하는 모든 기업들의 재무제표를 볼 수 있어요.

재무제표뿐만이 아닙니다. 주식 시장에 등록한 순간, 기업은 자신의 모든 중요한 소식을 숨김없이 알려야 하는 공시 의무를 가지게 돼요. 투자자 입장에서는 상장 회사들과 관련된 중요한 정보를 공시를 통해 파악할 수 있는 거죠.

공시란 무엇이며 왜 필요할까?

공시란, 기업이 투자자들에게 주가에 영향을 줄 수 있는 중요한 정보를 공식적으로 공개하는 행위입니다. 기업은 주주들에게 회사의 재무 상태, 경영 변화, 중대 사건 등의 소식을 법적 책임 아래 전합니다.

상장 기업에는 수많은 사람들의 돈이 걸려 있어요. 여러분 부모님이 노후 자금으로 투자한 돈일 수도 있고, 국민연금이 투자한 우리 모두의 돈일 수도 있어요. 이것이 바로 상장 기업들이 반드시 정보를 공개해야 하는 배경이에요. 우리의 돈이 안전하게 운용되고 있는지 확인하고, 경영에 대한 의견을 제시하기 위해 주주들은 투명한 정보를 요구할 권리가 있는 것입니다.

공시는 공정한 시장 질서를 위해서도 반드시 필요해요. 만약 어떤 사람만 회사의 중요한 정보를 미리 알고 주식을 사거나 판다면, 나머지 모르는 사람들은 불리한 위치에서 거래하게 될 테니까요.

정보의 불균형은 시장 참여자들을 불평등하게 만들고, 불공정한 거래로 이어집니다. 공시를 통해 모든 투자자에게 정보가 동시에, 투명하게 전달되어야 비로소 공정한 시장 질서가 유지될 수 있습니다.

공시가 만드는 공정한 게임의 규칙

공시 의무는 법률로 정해져 있으며, 이를 어길 경우 기업은 무거운 책임을 져야 해요.

주식 시장의 감독관 역할을 하는 한국거래소와 금융감독원은 기업이 공시 규칙을 잘 지키는지 철저히 감시합니다. 만약 기업이 중요한 정보를 숨기거나, 늦게 공개하여 투자자에게 피해를 주면 강력한 제재가 가해지죠. 이 제재는 벌금 부과에서부터 심지어 해당 기업의 주식 거래를 일시적으로 정지시키는 조치까지 포함됩니다.

이러한 감시와 처벌 시스템 덕분에 주식 시장은 최소한의 투명성을 유지할 수 있어요. 그리고 투자자들은 기업의 공식적인 정보에 근거하여 투자 결정을 내릴 수 있죠.

만약 재무제표를 거짓으로 꾸민다면?
세계 최악의 분식회계 사건, 엔론 사태

만약 재무제표를 거짓으로 꾸민다면? 이는 '분식회계'라는 중대한 범죄가 되어 엄한 처벌을 받게 된다. 분식회계란, 기업이 재무제표를 실제보다 좋게 보이도록 조작하는 불법 행위다. 분식粉飾(가루 분+꾸밀 식)은 '겉치레를 번지르르하게 꾸민다'는 뜻이다. 마치 화장으로 얼굴을 예뻐 보이게 하듯, 매출을 부풀리거나 비용을 숨기는 식으로 회사의 재무제표를 예쁘게 꾸미는 것인데, 화장과는 달리 심각한 범죄이다.

분식회계가 얼마나 무서운 결과를 가져오는지 보여 주는 가장 충격적인 사례가 바로 2001년 미국의 엔론Enron 사태다.

엔론은 원래 평범한 천연가스 회사였다. 그러다가 복잡하고 새로운 금융 기법을 동원하여 천연가스와 전기를 거래하면서 '혁신적인' 회사로 주목받았고, 화려한 성장 끝에 2000년에는 미국에서 7번째로 큰 기업이 되었다.

하지만 이 화려한 성공의 이면에는 끔찍한 거짓말이 숨겨져 있었다. 회사의 진짜 재무 상태를 감추기 위해 치밀한 조작을 벌였던 것이다. 엔론은 수천 개의 유령 회사를 만들어서 부채를 숨기고, 실제로는 손해를 보는 사업인데도 이익을 내는 것처럼 꾸몄다.

2001년 10월, 한 언론이 엔론의 회계 장부에 의문을 제기하면서 진실이 드러나기 시작했다. 주가는 하루아침에 폭락했고, 그해 12월에 엔론은 파산 신청을 했다. 미국 역사상 최대 규모의 기업 파산이었다.

후폭풍은 엄청났다. 약 2만 명의 엔론 직원들이 하루아침에 일자리를 잃었고, 이들이 노후 자금으로 모아둔 퇴직 연금까지 모두 날아가 버렸다.

충격에 빠진 미국 정부는 곧바로 '사베인스-옥슬리법'이라는 강력한 법을 제정했다. 이 법은 기업의 경영진에게 재무제표의 진실성에 대한 법적 책임을 지우고, 회계 감사를 훨씬 더 엄격하게 만들었다.

어디에서 볼 수 있을까? & 어떤 종류가 있을까?

  공시는 각 기업의 홈페이지, 주식 관련 사이트, 증권사 등에서 찾아볼 수 있습니다. 그 중에서도 금융감독원이 운영하는 전자공시시스템, 이른바 '다트DART'는 우리나라 모든 상장 기업의 공시 자료를 모아둔 거대한 온라인 도서관 같은 곳입니다. 누구나 무료로 열람할 수 있어요.

  다트는 공시 자료를 가장 빨리 볼 수 있는 곳이기도 합니다. 기업은 법

전자공시시스템 DART 홈페이지 dart.fss.or.kr

적으로 주가에 영향을 줄 수 있는 중요한 정보_{정기 보고서, 대규모 투자, 경영진} 변경 등를 발표할 때, 가장 먼저 금융감독원 전자공시시스템DART에 그 내용을 등록해야 하거든요.

증권사나 뉴스 매체 등 다른 곳에서 보게 되는 공시 관련 정보들도 결국 다트에 올라온 원본 자료를 바탕으로 가공되거나 전달되는 것이랍니다. 따라서 원본 정보를 가장 먼저 확인하려면 다트를 이용하는 것이 가장 정확해요.

공시의 종류

정기 공시 결산하여 공개하는 성과, 정기적인 성적표

정기 공시는 정해진 시기에 반드시 공개해야 하는 정보입니다. 우리가 학기 말마다 성적표를 받듯이, 기업도 정기적으로 경영 성과를 결산하여 공개하죠. 이 정보는 법으로 정해진 양식에 따라 작성되고 회계사의 검증을 거치기 때문에, 투자자들이 가장 신뢰하는 공식 자료예요. 투자자들은 이 정기 공시를 통해 회사가 돈을 잘 벌고 있는지, 빚은 얼마나 있는지 등을 확인합니다.

사업보고서는 1년에 한 번회계연도 종료 후 90일 이내, 회사의 지난 1년 활

동·경영 성과·재무 상태 등 모든 것을 상세히 기록한 것으로, 공시에서 가장 중요한 보고서예요.

분기 또는 반기 보고서는 3개월분기 또는 6개월반기마다 발표하는 실적 보고서입니다. 우리가 열심히 공부했던 재무제표손익계산서, 재무상태표가 바로 이 정기 공시를 통해 세상에 공개됩니다.

수시 공시 긴급 상황 보고, 긴급 알림

수시 공시는 기업에게 갑자기 중요한 일이 생겼을 때 즉시 알리는 정보입니다. 이런 정보는 주가에 단기적으로 큰 영향을 줄 수 있기 때문에 즉각적으로 공개돼요. 정기 공시가 정해진 날짜에 발표되는 성적표라면, 수시 공시는 '긴급 속보'라고 할 수 있어요. 이 속보를 먼저 아는 사람이 유리해지는 걸 막기 위해, 법으로 모든 투자자에게 동시에 공개하도록 정해놨습니다.

새로운 공장을 짓기로 했거나, 경쟁사를 인수할 때, 혹은 수조 원짜리 대형 계약을 따냈을 때, 회사의 회장이나 CEO를 바꾸기로 하는 등 이사회의 중요한 결정이 있을 때면 그 사실을 바로 투자자들에게 알려야 하죠. 즉, 공시해야 하는 것입니다.

"매출액 또는 손익구조가 30% 이상 변동할 것 같다."는 소식을 발표하는 것도 수시 공시의 중요한 예입니다. 이러한 정보를 통해 투자자들은 기업 실적이 곧 크게 변화할 것을 예상할 수 있어요.

공시는 딱딱하고 지루해 보입니다. 하지만 투자자가 기업에 대해 가장 정확하고 권위 있는 정보를 얻는 검증된 창구가 바로 공시입니다. 겉으로 보이는 화려한 뉴스나 소문이 아니라, 기업이 법적으로 책임지고 밝혀야 하는 진짜 모습을 볼 수 있죠.

숨겨진 정보의 도시에서 투자 경찰이 되어 보자

당신은 '인포시티Infosity'라는 거대 경제 도시에 도착했습니다. 이 도시는 겉보기엔 화려하지만, 공시 제도가 없어서 기업들이 숨기고 싶은 정보를 몰래 감추는 범죄가 끊이지 않는 곳입니다. 지금부터 똘비와 당신은 투자자들이 반드시 알아야 할 중요 정보를 찾는 경찰이 되어야 해요.

다음 상황 중 '공시를 꼭 해야 하는 사건'을 골라 보세요!

1 회장님이 몰래 회사를 떠났지만 아무에게도 말하지 않았다.

2 5천억 원 규모의 신공장을 짓기로 결정했지만, 회사 블로그에만 살짝 올렸다.

3 "우리 회사, 이번 달 매출이 조금 늘었어요."라고 대표가 카톡방에서 말했다.

4 기업이 라이벌 회사 인수를 결정했지만, 직원들끼리만 알고 있다.

 더 알아볼 것 & 생각해 볼 점

- 다른 사람이나 뉴스가 전해준 소식을 듣고 나서, 직접 공시를 확인해야 하는 이유는 무엇일까?
- 만약 누군가 나보다 먼저 중요 정보를 얻고 몰래 거래한다면, 그건 왜 공정하지 않을까?
- 기업이 공시를 늦게 하거나 숨기면 어떤 일이 벌어질까?

활동지 작성 TIP 이 사고실험의 목적은 "어떤 정보가 주가에 큰 영향을 주는 공시 사항인지" 스스로 판단하도록 돕는 것입니다. 활동지를 작성할 때는 "이 사건을 일반 투자자가 몰라도 괜찮을까?"를 기준으로 선택하며 이유를 적어 보세요. / 위의 정답은 1, 2, 4번입니다. 3번 제외 모두 공시 대상이에요. (3번은 공시 요건에 해당하지 않는 단순 정보.)

기업의 속마음을 읽어라

1단계 : 회사를 선택하고, 실제 공시 제목 읽어보기

1 국내에 상장된 기업 중 한 회사를 골라, 다트 사이트에서 공시를 조회해 보세요.

선택한 회사 : ________________________________

2 최근 공시 중 흥미롭거나 중요해 보이는 제목 1~2개를 골라 적어 보세요.

● ____

● ____

2단계 : 어떤 공시인지, 중요도 판단하기

공시 제목	정기 공시	수시 공시	왜 중요한가? (한 줄 요약)
	☐	☐	
	☐	☐	

☞ 힌트 : ❶ 정기 공시 → 사업보고서, 분기/반기보고서 등

❷ 수시 공시 → 인수·합병, 건설, 최대 주주 변경, 손익구조 30% 이상 변동 등

3단계 : 투자자처럼 판단해 보기

1 이 공시는 기업의 미래에 긍정적인가요?　　☐ 예　　☐ 아니오

2 왜 그렇게 판단했나요?

____

3 만약 내가 이 회사의 주주라면, 이 공시를 보고 어떤 행동을 할까요?

　　☐ 더 공부해본다　　　☐ 기다리며 지켜본다

　　☐ 매수(산다)　　　　☐ 매도(판다)

● 위와 같이 판단한 이유는?　_______________________________

4단계 : 나만의 정보 판단 기준 세우기

공시를 읽는 자신만의 기준을 세워 보세요.

"나는 앞으로 ＿＿＿＿＿＿＿＿＿＿＿＿＿＿＿ 을(를) 기준으로 공시를 읽겠다."

☞ 예시 : 미래 가치, 성장 가능성, 위험 요인, 숫자 뒤의 의미 등

CHECK POINT!

☐ 공시 제목만 보고 지나치지 않고, 왜 중요한지 설명할 수 있었는가?

☐ 정기 공시와 수시 공시의 차이를 이해했는가?

☐ 공시 속 사실을 미래 변화로 연결해 보았는가?

두 번째 무기 :
정보를 분석하는 능력

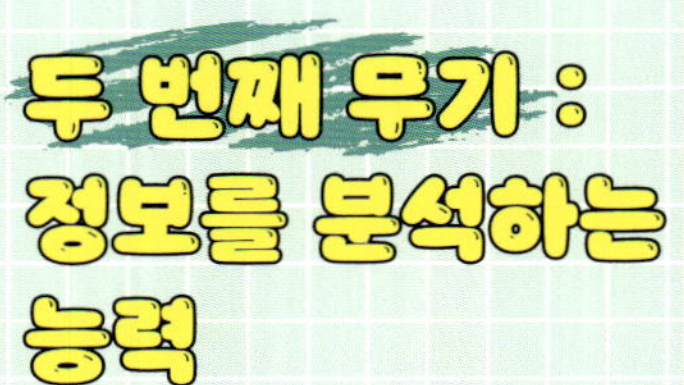

▷ 이번 시간
유튜브 영상 보기

펭수야~ 학교 가자! 2

자리를 옮겨, 회의실 안. 디지털 칠판 앞에 선 명석 쌤이 말했다.

"자, 그럼 지금부터 공시를 활용해 기업을 비교 분석해 볼 거야. 두 기업의 사례를 준비했으니까, 어떤 회사에 투자하고 싶은지 판단해 보자."

"좋습니다!"

펭수는 이미 몸이 앞쪽으로 쏠려 있었다.

"주요 공시를 먼저 소개할게."

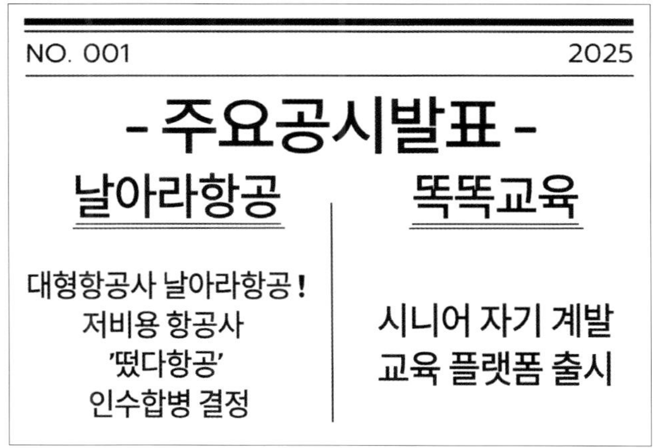

"첫 번째 날아라항공 공시부터." 화면을 넘기며 명석 쌤이 설명했다.

"대형 항공사가 저비용 항공사를 인수해 사업을 확장한다는 내용이지."

말이 끝나기도 전에 펭수가 손을 번쩍 들었다.

"저는 무조건 날아라항공에 투자하겠습니다! 인수합병은 무조건 성장 아닙니까?"

"뒤에 자료는 보지도 않고?"

"아, 그럼요. 이미 감이 왔습니다."

명석 쌤은 고개를 저으며 다음 기업을 소개했다.

"똑똑교육은 시니어 자기계발 플랫폼을 출시했어."

"전 똑똑교육이요." 똘비가 재빠르게 말했다. "시니어 시장은 장래가 밝습니다, 고령화 시대의 유망 사업이죠!"

"그래, 각자 이유는 알겠어. 그럼 이제 재무제표를 보자." 명석 쌤이 두 기업의 재무제표를 화면에 띄웠다. "이익 항목을 잘 봐야 해."

NO. 002		2025
- 공시가상 재무제표 -		
	날아라항공	똑똑교육
매출	2000만 원	1100만 원
비용	1200만 원	600만 원
이익	800만 원	500만 원
부채	1000만 원	400만 원
자본	500만 원	300만 원
투자	100만 원	80만 원

"오, 이익은 좋네요? 근데 부채가 왜 이렇게 많아요? 이거, 배보다 배꼽이 더 큰데요?"

명석 쌤이 설명을 이어갔다.

"매출에서 비용을 빼면 이익이 나오지. 이익만 보면 날아라항공이 좋아 보이지만, 이렇게 부채가 많은 상태에서 인수합병까지 하면 위험할 수도 있어."

"그럼 아직은 보류입니다!"

펭수가 빠르게 선회했다.

"자, 그럼 여기에 외부 상황 하나를 추가할게." 명석 쌤이 슬며시 말했다. "국제유가가 폭등했어."

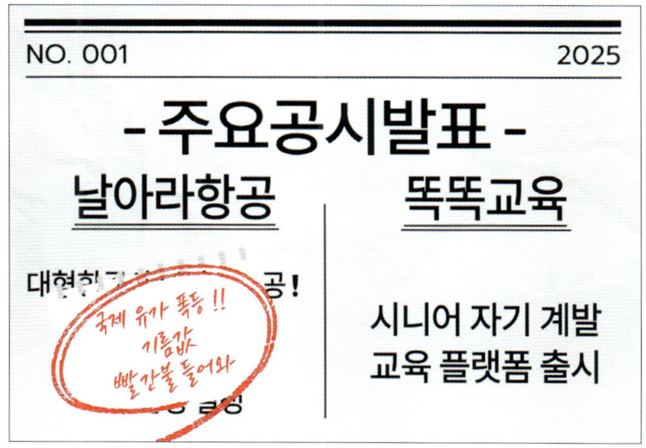

펭수는 책상을 쳤다.

"또요?! 왜 자꾸 좋은 일이 안 생기나요? 항공유 되게 비싸잖아요!"

"맞아. 자동차 기름보다 훨씬 비싸지. 그런데 똑똑교육과 관련해서도 생각봐야 할 점이 있어. 우리나라의 출산율은 OECD 꼴찌 수준이거든. 업계의 경쟁도 굉장히 치열하지."

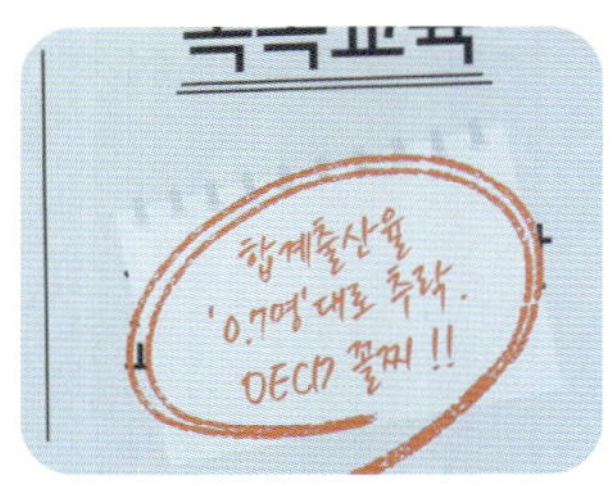

똘비가 긴박하게 손을 들고 말했다.

"안 되겠다. 저 날아라항공으로 바꿀게요."

"왜 바꾸려고?"

"기름값은 오르고 내리고 원래 그러는 거예요! 금방 괜찮아질 거예요."

한편, 펭수도 결정을 바꿨다.

"저는 똑똑교육 하겠습니다."

"왜?"

"일단 폭등한 유가는 그렇게 쉽게 잡히는 게 아니에요. 그런 면에서 교육 플랫폼이 낫죠."

명석 쌤은 둘을 바라보며 고개를 끄덕였다.

"좋아. 둘 다 합리적인 의견이야. 하지만 선생님으로서 결론을 내려보자면…, 쌤은 펭수를 선택할게."

명석 쌤이 말을 이었다.

"아까 똑똑교육이 어떤 플랫폼을 출시했다고 했지?"

"시니어요!"

두 새가 동시에 답했다.

"현재 출산율은 계속 떨어지고, 시니어 시장은 커지고 있어. 교육 플랫폼이 새로운 시장을 개척한 건 성장 기회로 볼 수 있지. 반면 항공사는 기름값 같은 외부 변수에 크게 흔들리고."

명석 쌤이 결론을 맺었다.

"하지만 이것도 내 생각일뿐, 주식에는 정답이 없어. 다만 공시, 재무제표, 외부 변수를 함께 보고 판단하는 습관이 정말 중요하단다."

펭수는 진지한 얼굴로 말했다.

"명심하겠습니다."

똘비도 고개를 끄덕였다.

공시, 사실 확인을 넘어 미래 분석으로!

66 다트에 접속하여 관심 있는 회사 이름을 검색해 보았나요? 그렇다면 공시한 목록이 시간순으로 쭉 나오는 걸 보았을 거예요. 처음에는 낯선 제목들이 많겠지만, 몇 가지 핵심 용어만 익히면 기업의 속마음을 들여다볼 수 있답니다.

그중에서도 특히 공시에 다음의 제목들이 보이면, 반드시 읽어 보아야 합니다.

공시 제목	왜 주목해야 할까?
사업보고서	회사의 전체적인 설명서로서, 장기적 관점에서 꼭 읽어봐야 함
매출액 또는 손익구조 변동	실적 발표 전, 성과가 대폭 달라졌음을 예고하는 신호
주요사항보고서	합병, 분할, 증자 등 회사의 체질을 바꾸는 중대 결정
최대 주주 변경	회사의 주도권이 다른 사람이나 그룹으로 넘어갈 가능성이 있음

표3 주목해야 할 대표적인 공시 항목들

공시를 읽는 것은 단순히 회사에 무슨 일이 일어났는지, 그 사실을 확인하기 위해서가 아니에요. 공시 문서에 적힌 내용을 바탕으로 "이 결정이 회사의 미래 수익성에 어떤 영향을 줄까?"를 분석하고 예측하기 위해서죠.

어느 기업이 "대규모 신규 설비 투자를 결정했다."는 공시를 냈다고 해 봅시다. 겉으로 드러난 사실은 '○○억 원을 투자할 것'입니다. 하지만 여기서 멈추지 않고 이렇게 분석해야 합니다.

1단계. 사실 파악 "새로운 공장을 짓기 위해 ○○억 원을 투자하는군"

2단계. 내용 분석 "이 투자는 고정비를 증가시키겠지만, 동시에 생산 능력과 시장 점유율을 늘려 미래 매출을 크게 증가시킬 잠재력이 있겠네. 당장은 수익률이 떨어져도 장기적으로는 긍정적이겠어."

3단계. 위험/기회 평가 "하지만 만약 시장 상황이 변해서 공장이 예상만큼 돌아가지 않는다면, 이 늘어난 고정비가 회사의 재무 안정성부채비율에 큰 부담을 줄 수 있겠는데."

공시를 읽는 것은, 경제학적 지식과 논리를 활용하여 기업의 최종 성적표를 미리 그려 보는 과정이 되어야 해요. 겉으로 보이는 숫자에 숨겨진 미래의 의미를 읽어내는 것이 핵심이죠.

정보의 조각을 커다란 그림으로 맞추는 능력

❝ 기업이 스스로 공개하는 공식 정보인 공시를 통해 우리는 기업의 내부 사정을 알 수 있습니다. 그러나 기업의 활동은 끊임없이 변화하는 외부 상황의 영향을 받을 수밖에 없어요. 기업은 세상과 동떨어진 섬이 아니라, 거대한 경제라는 바다 위에 떠 있는 배와 같아요. 아무리 배의 구조내부 상황가 튼튼해도, 바다의 날씨외부 상황가 폭풍우라면 항해에 어려움을 겪을 수밖에 없죠.

그래서 기업 내부의 정보공시, 재무제표와 기업 외부의 정보뉴스, 경제 상황, 정책라는 두 개의 축을 연결하여 하나의 완성된 그림을 그려내는 분석력을 키워야 합니다.

분석력은 타고나는 것이 아니라 훈련을 통해 키울 수 있는 능력입니다. 복잡해 보이는 경제 뉴스 속에서 핵심을 꿰뚫어 보는 힘을 기르는 습관을 길러 보아요.

소비자 심리 변화 "숏폼 콘텐츠가 인기를 끌면서 사람들의 영상 시청 패턴이 바뀌고 있대. ○○ 플랫폼 회사가 숏폼 영상 서비스를 인수한다고 공시를 냈던데, 얼마나 경쟁력이 있을지 살펴봐야겠어."

그림 10 기업의 상황에 영향을 주는 외부요인들 _예시

'왜?'라는 질문을 습관화하기

뉴스나 공시를 읽을 때는 "무슨 일이 일어났다."는 사실 확인에서 끝내지 말고, 끊임없이 "왜?"라는 질문을 던져야 합니다. '왜'를 찾는 이유는, 겉으로 보이는 사실 아래에 숨어 있는 원인과 결과를 파악하기 위해서예요. 이 질문 하나가 단순한 정보를 의미 있는 통찰인사이트로 바꿔 줍니다.

중요한 것은 한 가지 정보를 여러 방향으로 연결하여 생각하는 사고의 확장입니다. "한국은행이 기준금리를 0.25%p 올렸다."는 기사를 읽었다고 해 볼게요.

"왜 금리를 올렸지?" → 물가가 너무 올라서?

"금리가 오르면 기업에 어떤 영향이 있을까?" → 이자 부담 증가!

"금리가 오르면 내 용돈 관리는 어떻게 달라져야 할까?" → 저축의 매력이 높아지겠네!

이렇게 질문을 꼬리에 꼬리를 물고 이어가다 보면, 처음에는 어려웠던 경제 뉴스가 점점 입체적으로 보이기 시작할 거예요. 하루에 뉴스 하나씩만 이렇게 분석해 보세요.

여러분도 충분히 가능합니다. 지금까지 펭수, 똘비와 함께 배운 수요와 공급, 이자율, 인플레이션 같은 기본 개념들이 바로 이 '왜?'라는 질문에 답을 찾는 데 도움이 될 거예요!

공시와 뉴스를 연결하여 해석하기

내부 정보공시와 외부 정보뉴스를 교차해서 확인하는 습관을 길러 두는 것도 중요합니다.

공시를 보면 기업의 계획을 알 수 있죠. 여기에 뉴스를 함께 보면 그 계획이 성공할지 실패할지 예상해 볼 수 있어요. 퍼즐 조각들을 맞춰서 온전한 그림을 만들 듯, 공시와 뉴스의 조각들을 맞춰서 그 기업의 미래 그림을 그려 보는 것입니다.

어떤 기업이 '대규모 공장 증설' 공시를 냈다고 해 봅시다. 그냥 "투자하는구나." 생각하고 말 것이 아니라, 최근 뉴스를 통해 기업이 속한 산업의 수요가 현재 어떠한지, 그에 대한 사실을 확인해야 해요. '○○산업 수요 증가', '△△기업 수주 급증' 같은 긍정적 뉴스가 많은지, 아니면 '재고 증가', '가격 하락' 등과 같은 부정적 뉴스가 많은지 체크해 보는 것입니다.

외부 뉴스가 투자의 타당성을 뒷받침해 준다면, 그 투자는 성공할 가능성이 높다고 판단할 수 있습니다. 반대로, 뉴스를 통해 이미 해당 산업이 공급 과잉 상태라는 걸 알았다면, 공장 증설 공시를 낸 기업에 대한 투자는 위험할 수 있겠죠.

이렇게 공시 하나를 볼 때마다 관련 뉴스 2~3개만 함께 찾아보는 습관을 들이면, 점점 기업의 미래를 예측하는 눈이 생길 것입니다. 정보는 혼자 있을 때보다 연결될 때 더 큰 힘을 발휘한다는 걸 기억하세요!

정보 퍼즐의 빈칸을 채워라

여러분은 '정보탐정 똘비 사무소'의 신입 분석가입니다. 어느 날, 한 기업으로부터 기묘한 퍼즐 편지가 배달됐어요. 편지에는 공시 조각 1개 + 뉴스 조각 1개만 들어 있고, 나머지는 스스로 상상해서 기업의 미래 그림을 완성하라는 의뢰예요. 아래 공시 1개와 뉴스 4개 중 하나를 골라 조합을 만들고, 이 두 정보가 함께 작용하면 회사의 매출과 이익이 어떻게 변할지 추리해 보세요. 그리고 이를 바탕으로 이 회사의 2~3년 뒤 성적표를 예측해 보세요.

공시 조각	종류 : 공시 ● 내용 : "○○기업, 5천억 원 규모의 신규 공장 증설 결정"
뉴스 조각1	종류 : 뉴스 ● 내용 : "해당 산업, 최근 수요 폭발적 증가!"
뉴스 조각2	종류 : 뉴스 ● 내용 : "업계 전체 재고 쌓여 공급 과잉 우려"
뉴스 조각3	종류 : 뉴스 ● 내용 : "정부, 신산업 지원 정책 발표"
뉴스 조각4	종류 : 뉴스 ● 내용 : "경기 침체 우려… 소비 둔화 가능성 커져"

 ## 더 알아볼 것 & 생각해 볼 점

- 공장 증설이 미래 매출에는 어떤 영향을 줄까?
- 공장 증설로 인해 고정비와 부채비율에 어떤 변화가 나타날까?
- 왜 이런 결정을 내렸을까? (기업의 입장, 투자자 관점, 산업 관점에서)

활동지 작성 TIP 이 사고실험의 목적은 공시와 뉴스를 단순 나열이 아닌 '연결된 퍼즐'로 보고, 그 안에서 미래를 예측하는 사고력을 기르는 것입니다. 활동지를 작성할 때는 "이 정보들이 서로 어떤 영향을 주고받는가?"를 중심으로 상상해 보세요.

나만의 투자 분석 리포트 만들기

"오케이! 오늘은 내가 펭수 리서치 센터장이다!"

1단계 : 회사를 선택하고, 실제 공시 제목 읽어보기

1 4-1교시 〈펭수의 부자되기 노트〉(215쪽)에서 선택한 기업이 무엇이었나요?

선택한 회사 : _______________________________

2 다트나 증권사 앱에서 이 회사의 최근 공시 제목 1개를 골라 적어 보세요.

● ____

2단계 : 공시의 핵심 사실 뽑기

공시에 적힌 사실만 문장으로 정리해 보세요. (이 단계에서는 해석 금지!)

● 회사가 한 행동 : ____

● 관련 금액 또는 규모 : ____

● 공시의 직접적인 내용 요약 : ____

3단계 : 미래에 줄 영향을 해석하기

공시의 의미를 해석하는 단계입니다! 다음 질문에 대한 답을 자유롭게 써 보세요.

1 이 공시가 회사의 '매출(수익)'에 어떤 영향을 줄까?

● ____

2 이 공시가 회사의 '비용·부채·고정비'에 어떤 영향을 줄까?

● ____

3 1~2번을 모두 고려할 때, 회사의 '2~3년 뒤 이익'은 어떻게 달라질까?

● ____

3단계 : 외부 뉴스 1개와 연결하기

최근 뉴스(같은 산업/경제 전반) 1개를 골라, 위의 공시와 연결해 보세요.

뉴스 제목 : ___________________________

이 뉴스가 공시의 타당성을 ☐ **높인다**   ☐ **낮춘다** (선택하고 아래에 답하기)
● 그 이유 ____

4단계 : 투자 판단 내리기

이 공시는 기업에 ☐ 긍정적   ☐ 중립   ☐ 부정적

내가 이 기업의 주주라면 ☐ 계속 보유한다   ☐ 추가 매수한다

☐ 조금 매도한다   ☐ 일단 지켜본다

☐ 전부 매도한다

✔ CHECK POINT!

☐ 공시를 '사실 → 해석 → 미래 예측' 단계로 나누어 읽었나?

☐ 공시 내용이 기업의 재무구조와 연결되는 방식을 이해했는가?

☐ 뉴스와 공시를 비교하며 사고를 확장했는가?

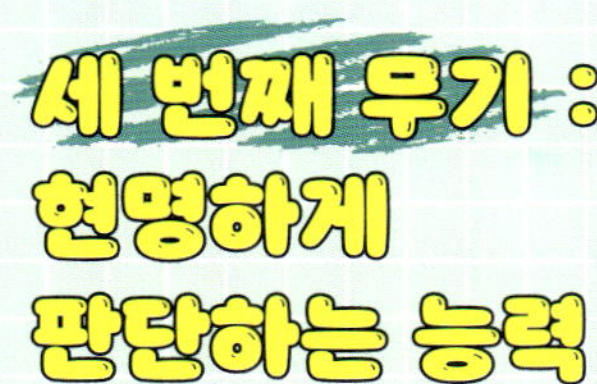

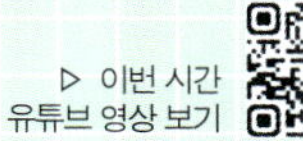

▷ 이번 시간
유튜브 영상 보기

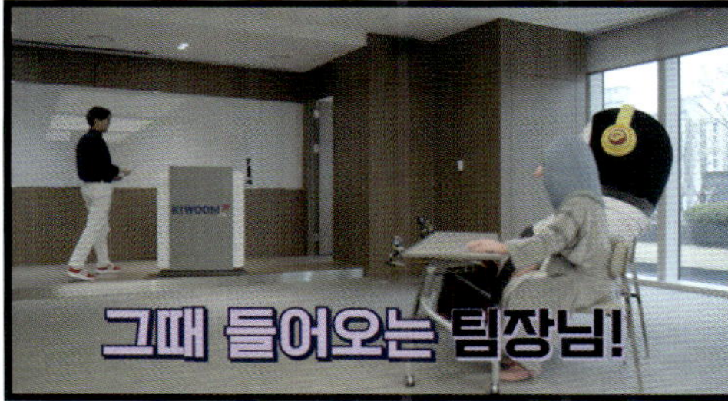

키움증권 사무실에 다시 모인 펭수와 똘비.

펭수가 주변을 두리번거리며 말했다.

"오늘은 팀장님이 오신다던데? 팀 씨면 어디 팀 씨인가?"

"경주 팀 씨 아니에요?"

똘비가 진지하게 대꾸했다.

그때, 문이 열렸다.

"수행평가는 잘 봤습니까?" 이 책에는 나오지 않지만, 영상에는 수행평가가 포함되어

있답니다. 펭수와 똘비의 좌충우돌 수행평가 에피소드가 궁금하면 옆의 QR을 스캔해 

보세요!

낯선 목소리였다.

"누구십니까!"

두 새가 동시에 외쳤다.

방 안으로 들어온 팀장님이 서운하다는 표정으로 말했다.

"나 누군지 몰라? 똘비는 그렇다 쳐도, 펭수는 좀 섭섭한데? 작년에 봤

잖아."

순간 펭수의 눈이 번쩍 뜨였다.

"아! 맞아요. 티저 콘텐츠 만들러 왔을 때, 팀장님이 녹화하는 데서 제

가 엄청 크게 재채기했잖아요!"

                              펭수야~ 학교 가자! 2

"역시 펭수 선배님… 아휴."

똘비가 민망한 듯 중얼거렸다.

"오늘은 세계에서 가장 유명한 투자자, 워런 버핏의 교훈을 나누려고

해. 둘 다, 워런 버핏은 잘 알지?"

팀장님의 말에 펭수가 가슴을 펴며 대답했다.

"그럼요! 이제는 친구 같아요."

"예? 그분이 연세가 몇인데, 친구요?"

똘비가 황당하다는 표정을 지었다.

팀장님은 웃음을 터뜨리며 이야기를 이어갔다.

"자, 워런 버핏의 기본 투자 철학은 이렇게 정의할 수 있어.

첫째, 절대로 돈을 잃지 말 것.

둘째, 첫 번째 원칙을 잊지 말 것."

펭수가 두 손을 가슴 앞에서 꼭 쥐며 말했다.

"오…! 심오합니다."

"하지만 그의 명언은 이게 끝이 아니란다."

팀장님이 준비해 온 패널을 펼쳤다.

"이런 명언도 있어. '가격은 당신이 지불하는 것이고, 가치는 당신이 얻는 것이다.' 레모네이드, 생각나지? _{제1권 2-1 교시 참고} "

"가치 창출!"

똘비가 자동 반사처럼 외쳤다.

"맞아. 어떤 물건이나 주식이든 '싸다'고 좋은 건 아니고, 결국 내가 어떤 가치를 얻는지가 중요하다는 뜻이야."

펭수가 감탄하며 말했다.

"오…, 마음에 새기겠습니다."

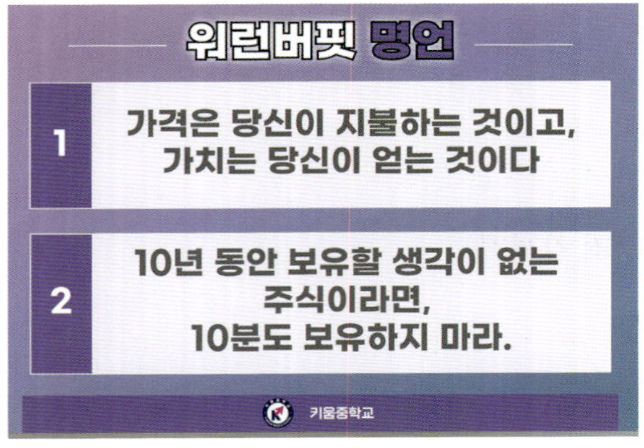

"다음 명언도 아주 유명해. '10년 동안 보유할 생각이 없는 주식이라면, 10분도 보유하지 마라.' 단순히 단기 시세만 보고 사면, 그 회사의 진짜 가치를 보지 못하는 경우가 많다는 뜻이지."

똘비가 고개를 끄덕였다.

"장기적인 눈이 필요하다는 거군요."

"맞아. 펭수와 똘비가 공부를 정말 열심히 했구나! 칭찬하는 의미에서 작은 선물을 준비했어."

"선물이요?!"

펭수와 똘비가 동시에 들뜬 목소리로 외쳤다.

하지만 팀장님이 내민 건….

"책이야, 재미있게 읽기를 바라!"

"아…."

두 새의 어깨가 동시에 축 처졌다.

팀장님이 부드럽게 미소 지으며 말했다.

"그럼, 이제 졸업장 받으러 갈까?"

"졸업이다! 예!!"

펭수와 똘비가 동시에 주먹을 치켜들었다.

키움 중학교의 모든 수업을 마친 순간! 두 새는 어느새 투자를 바라보는 눈도, 경제를 이해하는 마음도 한 뼘 더 자라 있었다.

워런 버핏에게 배우는 현명한 투자 판단력

❝ 여기까지 읽은 여러분은 좋은 기업을 찾을 줄 아는 것은 물론, 뉴스와 공시 그리고 시장의 흐름을 읽는 분석력 또한 갖췄을 것입니다. 이러한 능력들을 갖추고 공부하는 과정은, 투자를 위한 지도를 그리는 것과 같아요.

그런데 이 지도를 들고 실제로 항해를 시작할 때, 지식보다 더 중요한 것이 있답니다. 바로 흔들리지 않는 마음가짐과 판단력이죠.

주식 시장은 무슨 일이 일어날지 예측하기 어렵고, 사람들의 감정이 크게 작용하는 곳입니다. 많은 투자자들이 주식에 대해 잘 알고 있어도, 감정에 휩쓸려 잘못된 판단을 내리고 손해를 보곤 합니다.

제1권에서도 만났던 세계적인 투자자, 워런 버핏Warren Buffett의 철학은 이처럼 복잡한 시장에서 현명한 투자 판단의 기준을 세워 줍니다. 감정을 다스리고 논리적인 기준을 세우는 투자 철학에 관해 알아볼까요?

'심리'라는 가장 큰 적을 다스리기

투자할 때 잘못된 판단을 하게 만드는 가장 큰 원인은 뉴스나 경제 위기가 아닙니다. 바로 우리 마음속 감정, 즉 심리예요. 주식 가격이 오르면 '더 오를 거야!'라는 욕심 때문에 무리하게 사고, 주식 가격이 떨어지면 '손해 보면 어쩌지?'라는 두려움 때문에 싼 가격에 팔아 버리죠.

워런 버핏은 이 감정의 함정을 경계하며, 유명한 투자 원칙을 제시했습니다.

절대로 돈을 잃지 말 것.
첫 번째 원칙을 잊지 말 것.

이 원칙은 '잃지 않는 투자'의 중요성을 강조하는 동시에, 감정이 아닌 논리와 기준, 확고한 철학으로 판단하라는 뜻이에요. 현명하게 판단하기 위한 첫 번째 단계는 시장의 여러 정보 속에서도 흔들리지 않는 나만의 기준을 세우는 것입니다.

좋은 기업을 고르는 현명한 안목 기르기

현명한 판단력을 가진 사람과 그렇지 못한 사람의 가장 큰 차이는 눈앞의 가격에 속지 않고, 내가 얻는 가치를 먼저 보는 것입니다.

버핏은 이렇게 말했습니다.

"가격은 당신이 지불하는 것이고, 가치는 당신이 얻는 것이다."

당장의 주가가 낮다고 해서 무조건 좋은 투자가 되는 것은 아니에요. 이익을 거의 못 내고 빚만 잔뜩 있는 기업은 주가가 낮을 수밖에 없어요. 이런 회사는 작은 충격만 와도 쉽게 흔들리고 무너질 위험이 큽니다. 겉보기에는 '싸게 샀다'고 느낄지 몰라도, 실제로는 실패할 가능성이 더 높아요. 마치 품질이 나쁜 물건을 싸게 샀다가 금방 고장 나서 버리는 상황과 비슷하죠.

반대로, 주가가 높아 보이더라도 꾸준히 이익을 내고, 독점적인 기술이나 강한 브랜드 경쟁력을 가진 기업은 그만큼 가치가 높아요. 지금은 비싸게 느껴져도, 이런 기업에 투자하는 것은 장기적으로 더 큰 이익을 얻을 수 있는 안정적인 선택이 됩니다.

재무제표와 공시를 읽는 이유도 바로 그 기업의 가치를 판단하기 위해서예요. 좋은 기업인지 알아보기 위해 꼭 던져야 하는 기본 질문들은 다음과 같으니, 기억해 두세요!

이익 창출력 이 회사는 얼마나 꾸준히, 그리고 효율적으로 돈을 벌고 있는가? → 손익계산서, 이익률 분석

브랜드, 고객 충성도 고객들이 이 회사의 상품을 얼마나 애용하는가? → 경쟁 우위 분석

성장성 5년, 10년 뒤에도 이 회사가 지금보다 더 커질 수 있는가? → 자산 성장률, 미래 투자 공시 분석

경쟁력 다른 경쟁자들이 쉽게 따라올 수 없는 독보적인 기술이나 위치가 있는가?

시간의 관점에서 생각하기

감정에 흔들리지 않고 현명하게 투자하기 위해 가장 중요한 방패는 '시간'입니다. 워런 버핏도 이 점을 강조하며 다음과 같이 말했어요.

단기 투자는 하루하루 오르내리는 주가에만 집중합니다. 작은 뉴스나 소문, 공포나 욕심 같은 감정에 쉽게 흔들리죠. 마치 파도에 휩쓸리는 작은 배처럼 불안정해요. 그래서 단기 투자는 예측이 아니라 거의 운에 가까워요.

반면 장기 투자는 기업의 진짜 가치에 집중합니다. 주가가 잠깐 내려가도, 기업의 이익이나 경쟁력이 든든하다면 걱정하지 않아요. 시간이 지나면 주가는 결국 기업의 진짜 가치를 따라가게 되거든요. 그래서 장기적인 시각을 가지는 것이야말로, 실수를 줄이는 가장 확실한 방법이에요.

투자할 회사를 결정할 때는 버핏의 명언을 기억하며, 다음과 같은 질문을 던져 보세요.

"10년 뒤에도 살아남아 있을 회사인가?"

이 질문에 '예'라고 답할 수 있는 기업은 보통 이런 특징을 가집니다.

 다른 회사가 쉽게 따라 할 수 없는 기술이나, 사람들이 오래 사랑하는 브랜드를 가지고 있어요.

 음식, 생활필수품, 필수 인프라 등 어떤 상황에서도 사람들이 꼭 써야 하는 물건이나 서비스를 제공합니다.

 회사에 돈이 꾸준히 들어와 재무적으로 매우 안정적입니다.

 AI, 친환경 에너지, 건강·헬스 산업 등 미래의 큰 흐름을 이끌 산업에 속해 있는 경우가 많아요.

시간의 관점으로 투자하면, 감정에 휘둘리지 않고 더 현명한 결정을 내릴 수 있어요. 나아가 미래를 함께 만들어 가는 기업의 동반자가 될 수 있습니다.

10분의 유혹 vs 10년의 선택

당신에게는 두 개의 '투자 선택 카드'가 있습니다. 둘 중 하나만 고를 수 있어요.
무엇을 선택하시겠습니까?

카드 A : 10분의 유혹

주가가 오늘만 8% 급락! SNS와 유튜브 댓글에는 "지금이 바닥!", "단타로 복구 가능!"이라는 말이 넘쳐나요. 단기 차익만 노린 많은 투자자들이 몰려들고 있어요.

카드 B : 10년의 선택

투자자 관심이 적어 주가가 눈에 잘 띄지 않아요. 그런데 이 회사는 지난 10년간 이익이 꾸준히 증가했고, 고객 만족도도 높고, 경쟁자들도 따라오지 못할 기술력을 가지고 있어요.

더 알아볼 것 & 생각해 볼 점

- 많은 사람들이 사람들은 카드 A(단기 유혹)에 끌린다. 그 이유는 무엇일까?
- 카드 B(장기 투자)의 어려움은 무엇일까?
- '시간의 관점'이 왜 현명한 판단력을 높이는지에 관해 생각해 보자.

활동지 작성 TIP 이 사고실험의 목적은 감정에 흔들리는 선택과 가치·시간을 기준으로 판단하는 선택의 차이를 느끼는 것입니다. 작성할 때 "내 선택을 움직인 기준이 감정인지 가치인지"를 꼭 분리해 적어 보세요.

워런 버핏처럼 생각하기

"버핏처럼 생각하다 보면 버핏 같은 부자가 되지 않을까?"

"선배님의 포부가 느껴집니다! 오늘부터 시작해 볼까요?"

버핏 챌린지 1. 가격이 아니라 가치를 보라

1 미국에 상장되어 있는 회사 하나를 선택하세요!

선택한 회사 : ___________________________

2 내가 선택한 회사에 관하여, 다음의 항목을 코카콜라와 비교하며 작성해 보세요.

	.... (내가 선택한 기업)	코카콜라
최근 실적 흐름		100년 넘게 꾸준한 흑자
제품 경쟁력		전 세계적 브랜드 파워 최상위권
시장 경쟁력		경쟁사가 쉽게 대체할 수 없는 글로벌 강자
수요 안정성		경기 변동에도 꾸준한 음료 수요
재무 안정성		안정적 현금흐름 기반의 튼튼한 재무
투자 매력도		60년 넘게 배당 꾸준히 증가한 가치 기업

☞ 힌트 : 버핏은 실제로 코카콜라의 대주주이며, 장기 투자로 큰 성공을 거두었어요!

버핏 챌린지 2. "10년 뒤에도 살아남을 회사인가?" 질문하기

내가 선택한 기업에 관하여 다음 질문에 답해 보세요.

- 10년 뒤에 지금보다 더 커져 있을 회사인가?　　　□ 예 □ 아니오
- 다른 회사가 쉽게 따라올 수 없는 강점이 있는가?　　□ 예 □ 아니오
- 최근 5년간 꾸준히 흑자를 냈는가?　　　　　　　□ 예 □ 아니오
- 사람들이 앞으로도 계속 사용할 물건/서비스인가?　□ 예 □ 아니오
- 이 회사가 최근 발표한 공시(투자·적자·신제품 등)는 미래에 어떤 영향을 줄까?

　　____

→ 버핏의 '시간 필터' 분석 결과　　　□ 장기 보유 가능 □ 장기 보유 불가

버핏 챌린지 3. 나만의 버핏 원칙 만들기

버핏의 두 가지 원칙, "절대로 돈을 잃지 말 것. 첫 번째 원칙을 잊지 말 것."을 기억하나요? 앞으로의 투자에 적용해 나갈 나만의 2가지 원칙을 세워 보세요!

나의 원칙 ① : ____

나의 원칙 ② : ____

☞ 예시 : "내가 직접 써보고 좋았던 기업에 투자한다." "10년 뒤에도 살아남을 기업만 본다." "재무가
　　불안한 회사는 주가가 싸도 보지 않는다." 등

CHECK POINT!

- □ 가격이 아니라 가치 중심으로 판단했는가?
- □ 감정보다 정보·분석·철학을 우선했는가?
- □ 장기 관점의 질문을 실제 기업에 적용해 보았는가?

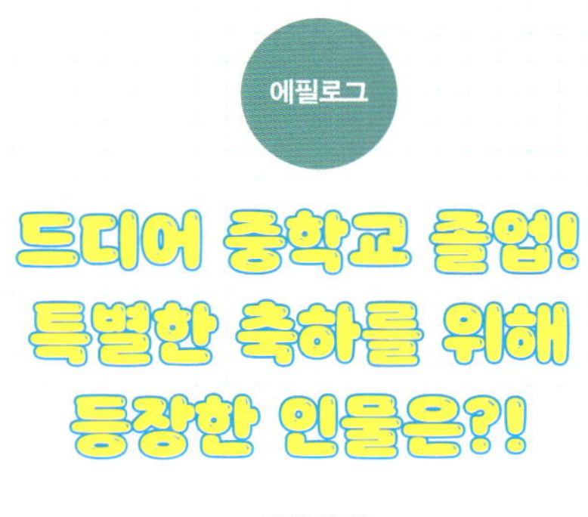

드디어 중학교 졸업!
특별한 축하를 위해
등장한 인물은?!

졸업식
보러 가기

명석 쌤을 따라 어느 사무실 문 앞에 온 펭수와 뚤비. 똑똑, 조심스럽게 노크를 하는 명석 쌤 뒤에서 펭수가 큰 소리로 외쳤다.

"저 왔어요!"

엄숙한 문 앞 분위기에 주눅이 든 뚤비가 펭수를 진정시키는 사이, 문이 열리고 셋은 방 안으로 들어갔다.

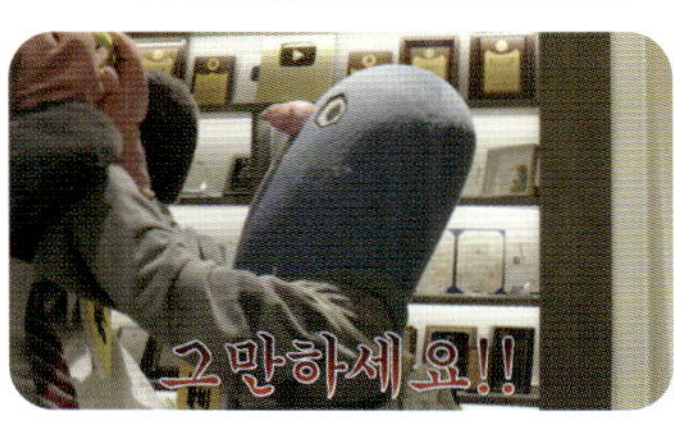

양팔을 벌리며 당당히 들어서는 펭수의 뒤를 따라 들어온 뚤비가 깜짝 놀라 외쳤다.

"아니…, 사장님이잖아요! 여기 사장실이었어요?"

사장님이 반갑게 두 새를 맞았다.

"졸업생들, 어서 오세요."

펭수가 활짝 웃으며 사장님과 포옹했다.

"아우~, 대빵님! 오랜만입니다!"

사장님도 환하게 미소를 지었다.

"펭수는 정말 오랜만이에요. 똘비는 공
부를 아주 잘하던데?"

"어, 꽃까지 준비하셨다니, 감동이에요…! 감사합니다!"

똘비는 사장님이 건네준 꽃을 받더니 얼굴이 빨개졌다.

사장님은 흐뭇한 눈빛으로 두 학생을 바라보며 말했다.

"이제 고등학교 올라가야죠?"

"예? 고… 고등학교요?"

"저희 방금 중학교 졸업했는데요?!"

"그럼요. 이제 중학교 과정은 끝났으니까, 고등
학교에서도 분명히 잘할 거라고 믿습니다."

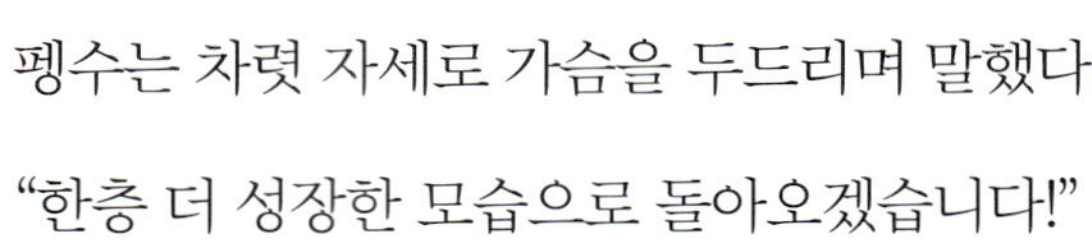

펭수는 차렷 자세로 가슴을 두드리며 말했다.

"한층 더 성장한 모습으로 돌아오겠습니다!"

똘비도 씩씩하게 고개를 끄덕였다.

"맞습니다! 또 열심히 배워서 부자가 될 겁니다!"

사장님이 손을 내밀자, 펭수와 똘비도 두 손을 번쩍 올리며 모두 함께 외쳤다.

"키움 중학교—, 클리어!!!"

펭수 & 똘비, '사장의 이해'를 배우고 중학교 졸업~!

내용 감수 **김윤경**

플랫폼 운영 기획 전문가. 25년간 야놀자, 우아한형제들, 카카오스타일 등 유수의 플랫폼에서 다양한 유저의 니즈를 기반으로
서비스/매출 확장 및 시스템화에 기여해 왔다.

펭수야~ 학교 가자!
제2권 : 시장의 이해

초판 1쇄 인쇄 2025년 11월 26일
초판 1쇄 발행 2025년 12월 2일

지은이   키움증권 채널K, 자이언트 펭TV
원작   유튜브 〈채널K〉 '펭수야~ 학교 가자!' 시즌 2
감수   김윤경
펴낸곳   넥스트씨
펴낸이   김유진
출판등록 2021년 11월 24일(제2021-000036호)
홈페이지 nextc. kr
전화번호 0507-0177-5055
이메일   duane@nextc. kr
주소   서울시 중구 서애로23 3층, 318호

ISBN 979-11-995494-1-8   43320

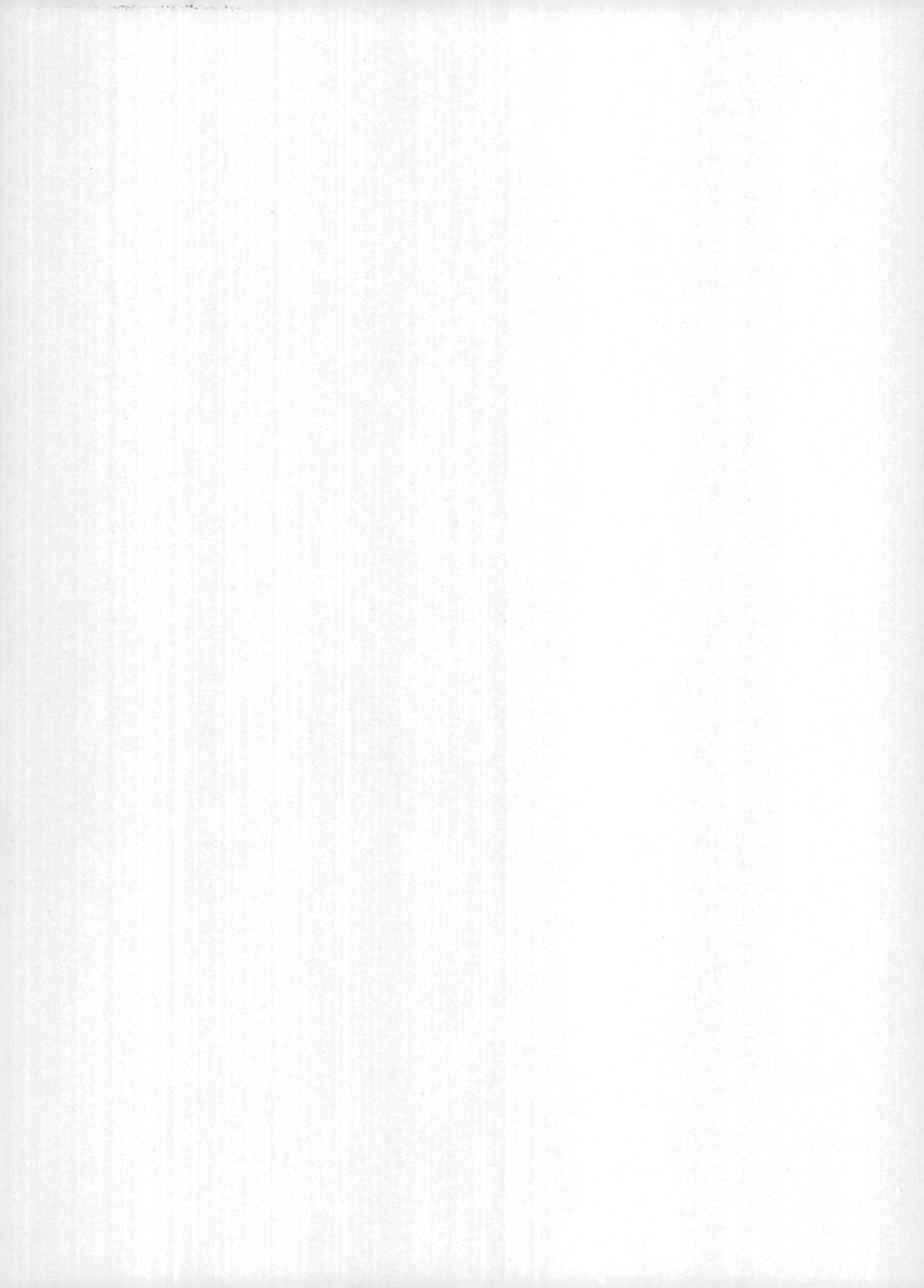